주 의

- 이 책은 위험 생물의 공격성이나 잔인함을 엿보기 위한 것이 아니라, 생물의 생태와 생존 방식을 알아보는 것을 목적으로 한다.

- 이 책에 소개된 생물과 직접 만났을 경우 이 책에서 소개된 위험한 상황 이외의 돌발 상황이 일어날 수 있으니 각별히 주의해야 한다.

- 이 책에 나오는 일러스트와 사진은 생물의 생태를 자세히 이해할 수 있도록 일반적인 생물의 모습이 아닌 위험 기술을 펼치는 생생한 모습을 보여 주는 경우도 있다.

超危険生物スゴ技大図鑑

Copyright © 2017 by Tadaaki Imaizumi, Family Magazine company
Original Japanese edition published by Takarajimasha, Inc.
Korean translation rights arranged with Takarajimasha, Inc.
Korean translation rights © 2017 by Glsongi Co., Ltd
Korean translation rights arranged with Takarajimasha, Inc.
Through Carrot Korea Agency

이 책의 한국어판 저작권은 캐럿 코리아 에이전시를 통한 저작권자와의 독점 계약으로 ㈜글송이에 있습니다. 저작권법에 의하여 한국 내에서 보호를 받는 저작물이므로 무단 전재와 무단 복제를 금합니다.

2025년 1월 20일 초판 11쇄 펴냄

감수 · 이마이즈미 타다아키
옮김 이진원
사진 제공 · 게티이미지뱅크

펴낸이 · 이성호
펴낸곳 · (주)글송이

편집 / 디자인 · 임주용, 최영미, 한나래
마케팅 · 이성갑, 윤정명, 이현정, 문현곤, 이동준
경영지원 · 최진수, 이인석, 진승현

출판 등록 · 2012년 8월 8일 제 2012-000169호
주소 · 서울시 서초구 능안말 1길 1(내곡동)
전화 · 578-1560~1 **팩스** · 578-1562
홈페이지 · www.gsibook.com

ISBN 979-11-7018-394-5　74490
　　　979-11-7018-390-7　(세트)

* 이 도서의 국립중앙도서관 출판시도서목록(CIP)은 서지정보유통지원시스템 홈페이지(http://seoji.nl.go.kr)와 국가자료공동목록시스템(http://www.nl.go.kr/kolisnet)에서 이용하실 수 있습니다.(CIP 제어번호 : CIP2017031485)

들어가는 글

지구에 살고 있는 수백만 종의 신비로운 생물!

우리가 살고 있는 지구는 지금으로부터 46억 년 전에 생겨났다.

수많은 생명의 기원인 바다는 그로부터 6억 년이 지나 형성되었다고 한다.

화석을 연구하여 알아낸 '최초의 생물'은 생김새와 구조가 매우 단순하고

현미경을 사용해야만 보일 정도로 작은 생물이었다. 이 생물은 40억 년이라는

긴 시간이 흐르는 동안 시시각각 변화하는 환경에 맞게 복잡한 구조의 다양한

종으로 진화되어 현재는 약 200만여 종의 생물이 지구상에 살고 있다.

지구상의 동물들은 치열한 자연 세계에서 살아남기 위해 다양한 능력과 무기를

키워 나갔다. 독, 날카로운 발톱, 단단한 엄니와 같은 공격 무기를 키우는가 하면

갑옷 같은 단단한 피부, 뾰족한 가시, 고약한 냄새가 나는 분비액,

다른 모습으로의 탈바꿈(변태) 등을 이용해 먹잇감을 사냥하거나

천적으로부터 스스로를 지키기도 한다.

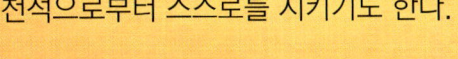

생생한 일러스트와 사진으로 만나는 위험 생물!

《최강왕 위험 생물 대백과》에서는 꿀벌, 캥거루와 같이 우리가 알고 있는

동물뿐 아니라 꿀단지개미, 클리오네, 망토고함원숭이처럼 일부의

사람들만이 알고 있는 희귀하거나 특수한 능력을 지닌 동물도 소개한다.

이 책에서는 각 동물의 생태 모습을 생생한 일러스트로 표현했으며

최대한 사진도 함께 보여 주고자 했다. 100종이나 되는 위험 생물을

초강력 무기왕, 공포의 맹독왕, 신기한 변신왕, 무적의 공격왕, 강력한 포식왕,

뛰어난 전술왕으로 나누어 소개한다. 우리가 알고 있는 생물들에 대한

자세한 정보도 얻고 실제로 만나 볼 수 없는

위험 생물들을 접하며 동물 호기심을 해결할 수 있도록

하였다. 더불어 자연과 생명에 관한 신비함과 소중함도

느낄 수 있을 것이다.

차례

들어가는 글 --------- 4
동물의 분류 --------- 8
이 책의 구성 --------- 10

1장 초강력 무기왕

전기뱀장어 --------- 12
남방차주머니나방 --------- 14
물총고기 --------- 16
일각돌고래 --------- 18
폭탄먼지벌레 --------- 20
남아프리카땅다람쥐 --------- 21
쥐덫고기 --------- 22
발톱벌레 --------- 24
갈고리나방유충 --------- 25
향유고래 --------- 26
먹장어 --------- 28
아프리카폐어 --------- 30
파라다이스나무뱀 --------- 32
꿀단지개미 --------- 33
말레이시아개미 --------- 34
사막뿔도마뱀 --------- 36
푸른민달팽이 --------- 38
여섯뿔가시거미 --------- 40
카멜레온 --------- 41
줄무늬스컹크 --------- 42
꿀벌 --------- 44
흡혈오징어 --------- 46
클리오네 --------- 48
해삼 --------- 50

딱총새우 --------- 52
캥거루쥐 --------- 54
물장군 --------- 55
아프리카숲청개구리 --------- 56

2장 공포의 맹독왕

푸른점문어 --------- 58
코모도왕도마뱀 --------- 60
오리너구리 --------- 62
황금독화살개구리 --------- 64
플란넬나방유충 --------- 65
호주상자해파리 --------- 66
노랑가오리 --------- 68
인랜드타이판 --------- 70
관모피토휘 --------- 71
스피팅코브라 --------- 72
데스스토커 --------- 74
늘보원숭이 --------- 75
총알개미 --------- 76
청자고둥 --------- 78
마우이독버튼폴립 --------- 79
장수말벌 --------- 80

3장 신기한 변신왕

변신문어 --------- 82
빨간씬벵이 --------- 84
침노린재 --------- 86
유리날개나비 --------- 87
거미꼬리뿔살무사 --------- 88

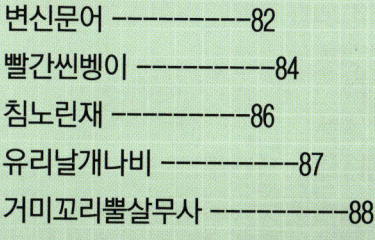

난초사마귀 ----------90
유리나방 ---------92
가시가지나방유충 ----------94
버지니아주머니쥐 ----------95
사탄나뭇잎꼬리도마뱀붙이 -----96
금조 ---------97
거북개미 ----------98

4장 무적의 공격왕

별코두더지 ----------100
벌새 ----------102
긴코원숭이 ----------103
큰화식조 ----------104
큰돌고래 ----------106
큰사마귀새우 ----------108
갈기늑대 ----------110
아나콘다 ----------112
부채머리수리 ----------113
청새치 ----------114
태즈메니안자이언트크랩 -----116
대왕길앞잡이 ----------117
날치 ----------118
동갈치 ----------119
파쿠 ----------120
블랙스왈로어 ----------121
바실리스크이구아나 ----------122
송골매 ----------124
브라질세띠아르마딜로 --------125
날여우원숭이 ----------126
아프리카포큐파인 ----------127

동부회색캥거루 ----------128
망토고함원숭이 ----------130

5장 강력한 포식왕

바다악어 ----------132
농발거미 ----------134
대왕귀뚜라미 ----------135
파리매 ----------136
타란툴라호크 ----------137
흡혈메기 ----------138

6장 뛰어난 전술왕

보석말벌 ----------140
비늘발고둥 ----------142
라텔 ----------143
작은보호탑해파리 ----------144
흰동가리 ----------146
기생파리 ----------148
애어리염낭거미 ----------149
물곰 ----------150
우파루파 ----------151
도마뱀붙이 ----------152
플라나리아 ----------153
불가사리 ----------154
쿠로카타바구미 ----------155
담흑부전나비 ----------156
나미브물갈퀴도마뱀붙이 ------157
최강 위험 생물 ----------158
색인 ---------160

동물의 분류

동물

무척추동물

동물 중에서 척추(등뼈)가 없는 동물들을 가리키며, 동물의 90% 이상을 차지할 정도로 많고 전 세계에 퍼져 있다. 현미경을 사용해야만 보이는 아주 작은 것부터 사람보다 큰 것에 이르기까지 크기도 매우 다양하다. 이들은 생김새, 번식 방법 등에 따라 다음과 같이 분류할 수 있다.

•연체동물

몸이 연하고 마디가 없으며 아가미로 호흡하는 무척추동물이다. 문어와 오징어 등의 두족류, 전복과 달팽이 등의 복족류, 큰가리비와 굴 등의 조개류 등이 포함된다.

•절지동물
무척추동물 중 몸에 마디가 있고 딱딱한 껍질로 덮여 있는 동물을 가리킨다. 새우나 게 등의 갑각류, 거미와 전갈 등의 거미류, 지네와 노래기 등이 포함된다.

•곤충류

몸과 다리에 마디가 있어 절지동물에 속하며, 절지동물 중 가장 많은 개체 수를 자랑한다. 자라면서 모습을 바꾸는 탈바꿈의 형태에 따라 '불완전 탈바꿈(불완전 변태)', '완전 탈바꿈(완전 변태)'으로 나뉜다.

- •**해면동물:** 주로 바다에 사는 항아리 모양의 동물
- •**편형동물:** 몸이 연하고 납작한 플라나리아, 촌충 등의 동물
- •**자포동물:** 입과 항문의 구분이 없는 해파리, 말미잘, 산호 등의 동물
- •**선형동물:** 가늘고 긴 원통형의 몸과 마디가 없는 동물
- •**환형동물:** 긴 원통형의 몸에 마디가 있는 지렁이 등의 동물
- •**극피동물:** 사방으로 같은 모양인 방사 대칭형의 불가사리 등의 동물

척추동물

척추동물은 무척추동물과 달리 척추를 가지고 있는 동물을 말한다. 뼈가 있기 때문에 몸집이 큰 편이며, 전체 동물의 5% 정도에 해당한다. 척추동물은 다시 어류, 양서류, 파충류, 조류, 포유류 이렇게 다섯 종류로 분류할 수 있다.

•어류
민물이나 바닷물에 사는 척추동물이다. 물속에서 아가미로 숨을 쉬며 비늘과 지느러미가 있다. 단단한 뼈로 이루어진 골격의 경골어류, 유연한 골격의 연골어류 등이 포함된다.

•양서류
어류에서 갈라져 나와 육지로 진출한 척추동물이다. 아가미, 폐, 피부로 숨을 쉬며 물과 육지 양쪽에서 생활한다. 도롱뇽 등의 유미류, 개구리 등의 무미류, 무족영원 등의 무족류로 나뉜다.

•파충류
양서류에서 갈라져 나온 척추동물이다. 폐로 숨을 쉬고 온몸이 단단한 비늘로 덮여 있으며 체형이 다양하다. 뱀류, 도마뱀류, 악어류, 거북류 등이 포함된다.

•조류
체온이 일정한 항온 동물이며 폐로 숨을 쉰다. 몸이 깃털로 덮여 있고 알을 낳는다. 타조와 같이 하늘을 날지 못하는 주금류, 닭과 같은 꿩류, 백조나 오리와 같은 오리류가 포함된다.

•포유류
몸이 털로 덮여 있고 어미가 젖을 먹여 새끼를 키운다. 오리너구리 등의 단공류 외에는 알이 아닌 새끼를 낳아 번식한다. 바다에 살면서 해초 등을 먹는 해우류, 고래 등의 고래류도 포유류에 포함된다.

이 책의 구성

• 위험 생물 소개

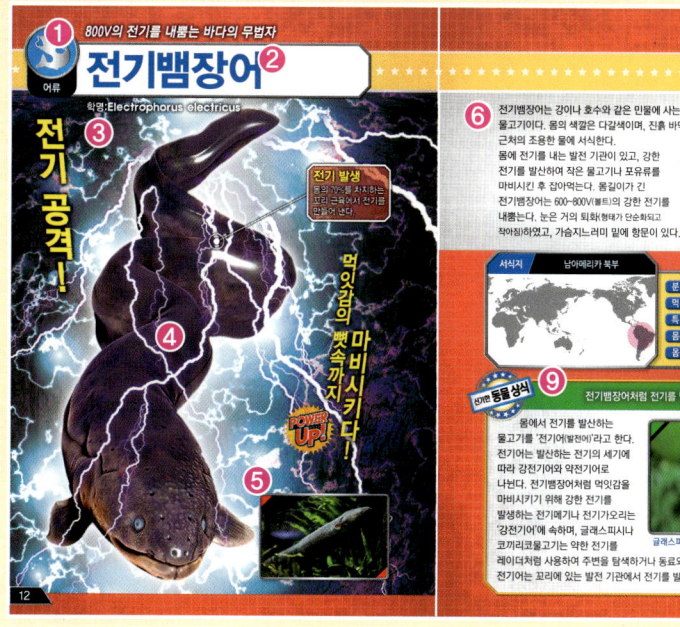
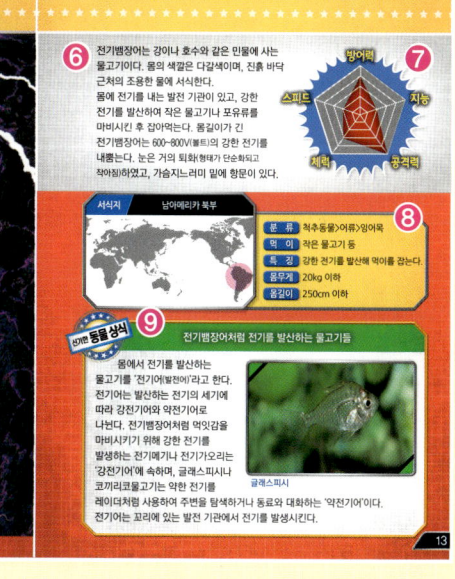

❶ 어류

전기뱀장어 ❷

800V의 전기를 내뿜는 바다의 무법자

학명:Electrophorus electricus ❸

전기 공격!

먹잇감의 뼛속까지 마비시키다!

❹ ❺

POWER UP!

전기 발생
몸에 기관을 차지하는
발전 조직에서 전기를
만들어 낸다.

---

❻ 전기뱀장어는 강이나 호수와 같은 민물에 사는 물고기이다. 몸의 색깔은 다갈색이며, 진흙 바닥 근처의 조용한 물에 서식한다. 몸에 전기를 내는 발전 기관이 있고, 강한 전기를 발산하여 작은 물고기나 포유류를 마비시킨 후 잡아먹는다. 몸길이가 긴 전기뱀장어는 600~800V(볼트)의 강한 전기를 내뿜는다. 눈은 거의 퇴화한 형태가 단순화되고 착색되었고, 가슴지느러미 밑에 항문이 있다.

❼ 방어력 / 스피드 / 지능 / 체력 / 공격력

서식지 남아메리카 북부

❽
분 류 척추동물>어류>잉어목
먹 이 작은 물고기 등
특 징 강한 전기를 발산해 먹이를 잡는다.
몸무게 20kg 이하
몸길이 250cm 이하

❾ **신기한 동물 상식** | 전기뱀장어처럼 전기를 발산하는 물고기들

몸에서 전기를 발산하는 물고기를 '전기어(발전어)'라고 한다. 전기어는 발산하는 전기의 세기에 따라 강전기어와 약전기어로 나뉜다. 전기뱀장어처럼 먹잇감을 마비시키기 위해 강한 전기를 발생하는 전기메기나 전기가오리는 '강전기어'에 속하며, 글래스피시나 코끼리코물고기는 약한 전기를 레이더처럼 사용하여 주변을 탐색하거나 동료와 대화하는 '약전기어'이다. 전기어는 꼬리에 있는 발전 기관에서 전기를 발생시킨다.

글래스피시

---

❶ **동물 분류:** 동물의 분류(8~9쪽)를 기준으로 한다.

❷❸ **동물 이름과 학명:** 동물 이름과 라틴어 학명을 소개한다.

❹ **동물 일러스트:** 그래픽 일러스트로 동물의 특징을 담아 소개한다.

❺ **동물 사진:** 동물의 생생한 모습을 보여 준다.

❻ **동물 소개:** 동물에 관한 주요 생태 및 습성을 소개한다.

❼ **레이더차트:** 5가지 능력을 평가해 한눈에 볼 수 있게 나타낸다.

❽ **동물 정보:** 동물의 서식지, 분류, 먹이, 특징, 몸무게, 몸길이를 알려 준다.

❾ **동물 상식:** 동물과 관련한 흥미로운 상식을 소개한다.

• 동물의 분류와 최강 위험 생물

동물에 대한 이해를 돕기 위해 동물의 분류를 소개한다. 또한 이 책에 등장하는 생물 중에서 각 장별 최강 생물을 한눈에 살펴볼 수 있다.

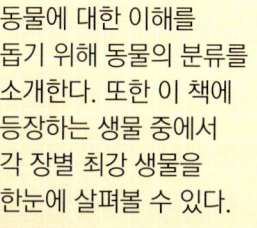

800V의 전기를 내뿜는 바다의 무법자

전기뱀장어

학명:Electrophorus electricus

전기 공격!

전기 발생
몸의 70%를 차지하는 꼬리 근육에서 전기를 만들어 낸다.

먹잇감의 뼛속까지 마비시키다!

POWER UP!

전기뱀장어는 강이나 호수와 같은 민물에 사는 물고기이다. 몸의 색깔은 다갈색이며, 진흙 바닥 근처의 조용한 물에 서식한다.
몸에 전기를 내는 발전 기관이 있고, 강한 전기를 발산하여 작은 물고기나 포유류를 마비시킨 후 잡아먹는다. 몸길이가 긴 전기뱀장어는 600~800V(볼트)의 강한 전기를 내뿜는다. 눈은 거의 퇴화(형태가 단순화되고 작아짐)하였고, 가슴지느러미 밑에 항문이 있다.

방어력
지능
공격력
체력
스피드

서식지	남아메리카 북부

분　류	척추동물>어류>잉어목
먹　이	작은 물고기 등
특　징	강한 전기를 발산해 먹이를 잡는다.
몸무게	20kg 이하
몸길이	250cm 이하

신기한 동물 상식

전기뱀장어처럼 전기를 발산하는 물고기들

　몸에서 전기를 발산하는 물고기를 '전기어(발전어)'라고 한다. 전기어는 발산하는 전기의 세기에 따라 강전기어와 약전기어로 나뉜다. 전기뱀장어처럼 먹잇감을 마비시키기 위해 강한 전기를 발생하는 전기메기나 전기가오리는 '강전기어'에 속하며, 글래스피시나 코끼리코물고기는 약한 전기를

글래스피시

레이더처럼 사용하여 주변을 탐색하거나 동료와 대화하는 '약전기어'이다.
전기어는 꼬리에 있는 발전 기관에서 전기를 발생시킨다.

뿜어내는 실의 강도가 거미줄의 2.5배

곤충류

남방차주머니나방

학명:Eumeta japonica

철통 방어!

튼튼한 고치
강철보다 강한 실로
튼튼한 집을 짓는다.

강철 고치에 쌓여 스스로를 보호!

남방차주머니나방 수컷
빗살 모양의 더듬이가 달려 있고
암컷보다 크기가 조금 크다.

남방차주머니나방은 주머니나방과에 속하는 나방이다. 주머니나방과에 속하는 나방의 유충(애벌레)을 '도롱이벌레'라고 하는데, 도롱이벌레는 실을 내어 주머니 모양의 고치를 만든다. 도롱이벌레가 뿜어내는 실은 강철보다 강하고 질기다고 알려진 거미줄의 2.5배나 된다고 한다. 도롱이벌레를 잡아먹는 '남방차주머니나방기생파리'의 영향으로 최근에는 그 수가 빠르게 줄어들고 있다.

서식지	한국, 일본

분 류	무척추동물>곤충류>나비목
먹 이	잎, 나무껍질 등
특 징	유충은 실로 고치를 짓고 산다.
몸무게	?
몸길이	1.7~1.8cm

신기한 동물 상식

일생을 도롱이벌레로 지내는 주머니나방 암컷

주머니나방의 성충(어른벌레)은 수컷과 암컷의 모습이 매우 다르다. 유충 시기에는 수컷과 암컷 모두 나뭇가지나 잎에 도롱이벌레집인 고치를 만들어 그 안에서 성장한다. 그 후 수컷은 성충이 되면 나방의 형태를 갖추어 고치 밖으로 나오지만, 암컷은 고치 안에서 성충이 되어 수컷과 짝짓기를 하고 알을 낳는다. 성충이 된 주머니나방의 암컷은 다리와 날개가 없는 유충과 같은 모습을 하고 있다.

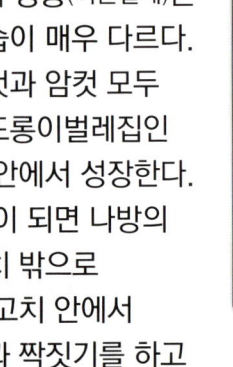

도롱이벌레집

물총을 쏘아 사냥하는 물속의 저격수

어류

물총고기

학명:Toxotes jaculatrix

백발백중 명사수!

돌출한 아래턱
아래턱이 위턱보다 나와 있어 앞으로 길게 내밀 수 있다.

빛처럼 재빠르게 물총 발사!

몸의 무늬
몸에 짙은 색의 반점 무늬가 여러 개 있다.

물총고기는 강물이 바다로 흘러가는 강어귀나 하천(강과 시내)의 상류와 중류에 걸쳐 서식한다. 입안에 물을 모은 뒤 멀리까지 뿜을 수 있는 능력이 있으며, 이 능력을 이용해 물 밖의 먹잇감을 사냥한다. 수면 가까이 있는 식물의 잎에 앉아 있는 곤충을 향해 물을 쏘아 떨어뜨린 후 잡아먹는다. 물을 쏠 수 있는 최대 거리는 4.5m 정도이며, 턱은 물을 쏠 수 있는 특수한 구조로 되어 있다.

서식지	인도양~서태평양, 일본(이리오모테섬)

분 류	척추동물>어류>농어목
먹 이	곤충, 새우류
특 징	입에서 물총을 쏘아 먹잇감을 잡는다.
몸무게	약 250g
몸길이	25cm

신기한 동물 상식

물총고기가 쏘는 물총의 비밀

물총고기의 가장 큰 무기인 물총 공격의 비밀은 턱의 구조에 있다. 물총고기의 입은 위턱에 비해 아래턱이 튀어나와 있어 마치 인간의 주걱턱처럼 생겼다. 위턱에는 앞쪽을 향해 가늘고 오목한 홈이 나 있어 이 홈을 통해 입에 머금은 물을 뿜어낼 수 있다. 이런 턱의 구조를 이용해

물총고기

아가미뚜껑(아가미를 덮어 보호하고 물이 드나들게 하는 뼈로 된 뚜껑)을 강하게 닫아 압력을 높임으로써 물을 멀리까지 힘차게 뿜을 수 있는 것이다.

포유류

얼음 바다를 가르는 기다란 창

일각돌고래

학명:Monodon monoceros

초강력 엄니 공격!

방어력

스피드

지능

체력

공격력

일각돌고래 수컷의 가장 큰 특징은 소라 껍데기처럼 사선으로 빙빙 돌아가는 모양의 긴 엄니이다. 이 엄니는 길게 자란 윗턱의 이빨이 변형된 것으로 엄니의 길이가 3m나 되는 일각돌고래도 있다. 최근에는 긴 엄니가 신경이 모여 있는 감각 기관이며 물의 온도나 염분 농도 등을 측정한다는 설도 나왔다.

소용돌이를 일으키는 엄니 파워!

POWER UP!

기다란 엄니
뿔과 같은 긴 엄니로 공격과
방어가 가능하다.

뛰어난 수영 실력
빠른 속도로 물살을 가르며
헤엄칠 수 있다.

분 류	척추동물>포유류>고래목
먹 이	오징어
특 징	수컷은 긴 엄니로 힘자랑을 한다.
몸무게	약 1600kg 이하
몸길이	400~470cm 이하(엄니 포함)

서식지	북극해

걸어 다니는 곤충 시한 폭탄

폭탄먼지벌레

곤충류

학명:Pheropsophus jessoensis

독가스 발사
위험을 느끼면 항문 주변에서
독가스를 내뿜는다.

방귀 폭탄으로 적을 물리치다!

폭탄먼지벌레는 흔히 '방귀벌레'로 알려져 있다.
적이 공격하면 방귀를 뀌듯 고약한 냄새의 가스를
발사해 자신을 보호한다. 약 100℃나 되는 뜨거운
가스는 공격 무기로도 사용되며, 가스의 분사 방향을
조절할 수도 있다. 사람이 이 가스에 노출되면
상처는 입지 않지만, 갈색 얼룩이 묻을 수 있다.

방어력
스피드
지능
체력
공격력

분 류	무척추동물>곤충류>딱정벌레목
먹 이	땅강아지의 알
특 징	악취를 뿜어 자신의 몸을 보호한다.
몸무게	?
몸길이	1.1~1.8cm

서식지 　한국, 중국, 일본

긴 꼬리를 휘두르는 아프리카 다람쥐

남아프리카땅다람쥐

포유류

학명:Xerus inauris

꼬리를 세워 햇빛을 막다!

방어력
스피드
지능
체력
공격력

남아프리카땅다람쥐는 낮과 밤의 기온 차이가 큰 아프리카 남부에 서식한다. 낮에는 털이 복슬복슬하고 긴 꼬리를 양산처럼 머리 위로 세우고 다니는 것이 가장 큰 특징이다. 이 꼬리는 뜨거운 햇빛을 차단해 더위를 이겨 낼 수 있도록 해 준다. 꼬리를 방패로 삼아 적을 공격하거나 자신을 보호하기도 한다.

서식지	아프리카 남부

분 류	척추동물>포유류>쥐목
먹 이	곤충, 식물 씨앗이나 줄기 등
특 징	길고 복슬복슬한 꼬리로 햇빛을 차단한다.
몸무게	423~649g
몸길이	20~29cm

붉은빛을 내는 심해 사냥꾼

쥐덫고기

어류

학명:Malacosteus niger

쥐덫 공격!

빛을 내는 발광기
눈 아래에 있는 붉은빛의
발광기에서 빛을 낸다.

기다란 이빨
아래턱에 난 기다란 이빨로
먹잇감을 사냥한다.

깜깜한 어둠 속에서 먹잇감을 찾다!

쥐덫고기는 수심 약 300~1500m의 깊은 바다에 서식하는 심해어이다. 눈 밑에 빛을 내는 기관인 발광기가 있으며, 이 발광기를 이용해 심해의 어둠 속에서도 먹잇감을 감지하여 잡아먹을 수 있다. 마치 어둠 속에서도 사물을 볼 수 있게 하는 '적외선 투광기'를 지니고 있는 것처럼 보이기도 한다. 근육과 피부 없이 뼈로만 이루어져 있는 아래턱도 큰 특징이며, 이 턱을 이용해 먹이를 낚아챈다.

서식지	대서양, 인도양~태평양, 일본

분 류	척추동물>어류>앨퉁이목
먹 이	작은 물고기, 새우류
특 징	어둠 속에서도 먹잇감을 잡을 수 있다.
몸무게	?
몸길이	약 24cm

신기한 동물 상식

심해의 어둠 속에서 빛을 내는 발광어들

태양 빛이 거의 미치지 않는 어두운 심해에는 쥐덫고기처럼 빛을 내는 발광어들이 존재한다. 발광어는 스스로 빛을 내는 종류와 발광 세균과의 *공생에 의해 빛을 내는 종류가 있다. 수심 100~2000m에 서식하는 샛비늘치 종류는 몸속이나 배 부분에 있는 발광기를 이용해

철갑둥어

스스로 빛을 낸다. 반면 심해어가 아닌 '발광눈금돔'이나 '철갑둥어'는 발광기에 서식하는 발광 세균에 의해 빛을 낸다.

*공생: 종류가 다른 생물이 같은 곳에서 살며 서로에게 이익을 주며 함께 사는 일.

입에서 점액을 내뿜는 벌레

발톱벌레

무척추동물

★★★★

학명:Onychophora

끈끈한 점액을 실처럼 내뿜다!

작은 발톱
다리에 작은 발톱이 있어서 발톱벌레라고 부른다.

발톱벌레는 원기둥 모양의 몸통에 여러 쌍의 다리를 가진 유조동물이다. 다리는 사람의 손가락 끝처럼 말랑말랑하고 오동통하다. 움직임은 매우 느리지만, 입 부분에 있는 점액선에서 끈적끈적한 실을 방출해 먹잇감의 움직임을 봉쇄한 뒤 잡아먹을 수 있다. 이 실을 이용해 적으로부터 자신을 보호하기도 한다.

방어력
스피드
지능
체력
공격력

분 류	무척추동물>유조동물
먹 이	흰개미 등의 작은 곤충
특 징	끈끈한 점액을 뿜어 먹잇감을 잡는다.
몸무게	?
몸길이	1~15cm

서식지 | 열대

꼬리로 진동을 일으키는 유충

갈고리나방유충

곤충류

학명:Drepana arcuata

진동을 일으켜 동료를 부르다!

방어력
스피드
지능
체력
공격력

갈고리나방과에 속하는 나방의 유충이다. 꼬리로 잎의 표면을 두드리는 '꼬리 드럼'의 형태로 진동을 일으켜 자신과 같은 종의 유충들을 불러 모은다. 모여 든 유충들과 협력하여 자작나무 잎에 실을 뿜어 고치를 만든다. 그리고 성충이 될 때까지 고치 안에서 살면서 적으로부터 몸을 보호한다.

서식지 | 북아메리카

분 류	무척추동물>곤충류>나비목
먹 이	나뭇잎
특 징	꼬리로 진동을 일으켜 동료를 불러 모은다.
몸무게	?
몸길이	2~5cm

포유류

초음파로 적을 마비시키는 바다의 무법자

향유고래

학명:Physeter macrocephalus

초강력 초음파 발사!

POWER UP!

날카로운 이빨
길고 가는 아래턱에 난 수십 개의
이빨은 매우 날카롭다.

방어력
스피드
지능
체력
공격력

향유고래는 전 세계의 깊은 바다에서 무리를 지어
생활한다. 거대한 몸집은 딱딱한 외피(겉가죽)로
둘러싸여 있고, 각진 모양의 머리에서 초음파를
발사해 적이나 먹잇감을 마비시킨다고 알려져 있다.
이 초음파는 햇빛이 미치지 않는 깊은 바다에서는
주변의 상황을 감지하는 센서 기능을 하기도 한다.

파도 모양 돌기
등에 파도 물결 모양의 돌기가 있으며 꼬리지느러미가 큰 편이다.

날카로운 이빨을 가진
무적의 포식자!

분 류	척추동물>포유류>고래목
먹 이	오징어, 문어, 물고기 등
특 징	초음파를 쏘아 적을 쓰러뜨린다.
몸무게	20~45t
몸길이	1100~1800cm

서식지 　　전 세계의 바다

어류

끈적끈적한 점액으로 먹잇감 포획

먹장어

학명:Eptatretus burgeri

공포의 몬스터젤!

상어도 두려움에 떨게 만들다!

퇴화한 눈
눈이 퇴화하여 '눈 먼 장어'라는 뜻의 먹장어라고 불린다.

먹장어는 가늘고 긴 원통형의 몸을 가진
바닷물고기다. 턱뼈가 없고 눈이 퇴화했으며,
얕은 바다의 모래가 섞인 진흙에 살면서
주로 물고기의 시체를 먹으며 생활한다.
먹잇감을 잡을 때나 자신을 보호할 때는
흰색 실 형태의 끈끈한 점액을 대량으로
내뿜는다. 이 점액은 주변의 물을 머금으면
말랑말랑한 젤 상태가 되어 강력한 점착력(달라붙는
힘)을 발휘한다.

서식지	한국, 일본, 대만

분 류	척추동물>어류>먹장어목
먹 이	물고기 등의 시체
특 징	피부에서 끈끈한 점액을 내뿜는다.
몸무게	?
몸길이	약 60cm

신기한 동물 상식

먹장어의 점액을 연구해 만드는 기저귀

먹장어가 내뿜는 끈끈한
점액의 주성분은 단백질의 일종인
'뮤신'이라는 성분이다.
사람의 콧물 등에도 들어 있는
뮤신은 강한 점성을 띠며, 세균의
침입을 막는 등의 역할을 한다.
먹장어의 점액은 주변의 물을
머금으면 젤 상태가 된다. 이런
성질을 연구하는 전문가에 따르면,

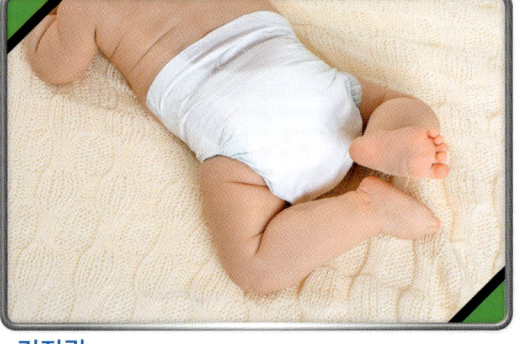

기저귀

먹장어의 점액을 재현한 새로운 인공 점액을 이용하면 품질이 매우 우수한 흡수
소재의 기저귀나 반창고 등을 개발할 수 있다고 한다.

어류

땅속에서 여름잠을 자는 희귀 물고기

아프리카폐어

★ ★ ★ ★ ★

학명:Protopterus annectens

살아 있는 화석!

끈끈한 액체 분비
몸에서 점액질을 분비해서
고치를 만든 후 그 속에서
여름잠을 잔다.

땅속으로 들어가 정체를 숨기다!

아프리카폐어는 고생대부터 지금까지 멸종당하지 않고 살아남은 폐어의 한 종류로, '살아 있는 화석'으로 불린다. 어릴 때에는 겉아가미로 호흡하다가 성장하면서 점차 폐가 발달해 폐 호흡도 할 수 있게 된다. 물고기지만 폐 호흡이 가능하기 때문에 강이 마르는 건조한 시기에는 땅속으로 들어가 고치를 짓고 여름잠을 잔다. 이런 특성 덕분에 적의 공격으로부터 자신을 보호할 수 있다.

방어력 / 지능 / 공격력 / 체력 / 스피드

서식지	아프리카

분 류	척추동물＞어류＞폐어목
먹 이	개구리, 작은 물고기 등
특 징	고치를 짓고 그 속에서 여름잠을 잔다.
몸무게	?
몸길이	약 80cm

신기한 동물 상식

아프리카폐어를 공격하는 천적 동물들

아프리카폐어의 천적인 넓적부리황새와 아프리카물수리 등은 성질이 사납고 물고기를 잡아먹는 맹금류의 새들이다. 아프리카폐어는 폐 호흡을 하기 때문에 숨을 쉬기 위해 몇 시간에 한 번씩 수면 위로 올라와야 한다. 천적인 새들은 그때를 노리고 있다가 수면 위로 올라온 아프리카폐어를 습격해 잡아먹는다. 한편 오래전부터 사람들에 의해 식재료로 이용되었던 폐어는 개체 수가 점점 줄어들자 19세기 말부터 희귀 생물로 보호받기 시작하였다. 그리고 어획량에 제한을 받게 되었다.

넓적부리황새

파충류

나무와 나무 사이를 날아다니는 뱀

파라다이스나무뱀

학명:Chrysopelea paradisi

비행하는 대형 뱀!

놀라운 비행
몸을 평평하게 펴고 날거나
몸을 S자 모양으로
구부리면서 난다.

파라다이스나무뱀은 공중을 날며 나무와 나무 사이를
이동하는 뱀으로 유명하다. 활공 시에는 몸통을
연처럼 평평하게 만들어 공기의 압력을 이용해
날아오른다. 이렇게 몸의 형태를 바꿀 수 있는 이유는
갈비뼈가 척추에 고정되어 있지 않아 갈비뼈를 좌우로
벌리고 배를 납작하게 만들 수 있기 때문이다.

방어력
스피드
지능
체력
공격력

분 류	척추동물>파충류>뱀목
먹 이	도마뱀붙이, 개구리 등
특 징	몸을 평평하게 만든 후 날아다닌다.
몸무게	?
몸길이	100~120cm

서식지 동남아시아 열대 우림

꽃꿀을 저장하기 위해 진화한 개미

꿀단지개미

곤충류

학명:Hormigas meliferas

배를 크게 꽃꿀을 저장하다!

알사탕처럼 커지는 배
꿀단지개미 중 일부 일개미는 평생을
천장에 매달려 있으면서 동료가 구해 온
꽃꿀을 배에 저장한다.

방어력

스피드

지능

체력

공격력

꿀단지개미는 오스트레일리아 사막 지대에 서식한다.
알사탕처럼 둥글게 부푼 배 부분에는 꽃꿀을
저장하고 있다. 꽃이 거의 피지 않는 사막에서 꽃이
피었을 때 최대한 많은 꿀을 몸에 저장할 수 있도록
진화한 것으로 보인다. 꽃이 피지 않는 시기에는
저장한 꿀을 동료 개미들에게 입을 통해 나누어 준다.

서식지	오스트레일리아

분 류	무척추동물>곤충류>벌목
먹 이	꽃꿀
특 징	배를 크게 부풀려 꽃꿀을 저장할 수 있다.
몸무게	?
몸길이	약 1.2cm

자신과 적의 목숨을 모두 빼앗는 폭탄 개미

곤충류

말레이시아개미

학명:Camponotus saundersi

독액 공격!

POWER UP!

적의 공격에 맞서 스스로 폭발한다!

노란 독액
자신보다 큰 말벌의 공격을 받으면
노란 독액을 입에서 내뿜는다.

말레이시아개미는 적에게 습격을 받아 생명이
위태로울 경우 자신의 배 근육을 수축해 몸을
폭발시킨다. 이때 몸속에 있는 독액 분비선이
폭발하며 '포름산'이라는 독액이 방출된다.
이 독에는 점착성(달라붙는 성질)이 있어
잘 씻기지 않기 때문에 독을 뒤집어쓴 적은
결국 죽음에 이르게 된다. 자신의 목숨과
맞바꾸는 매우 극단적인 공격 방법이기 때문에
큰 위기에서만 사용한다.

방어력 · 지능 · 공격력 · 체력 · 스피드

서식지	말레이시아, 브루나이

분 류	무척추동물>곤충류>벌목
먹 이	나뭇진, 꽃꿀, 곤충 등
특 징	몸을 폭발시켜 적과 함께 죽는다.
몸무게	?
몸길이	약 0.5cm

신기한 동물 상식

커피에서 나는 신맛의 정체, 포름산

포름산(폼산)은 불개미아과와
시베리아개미아과의 개미나 벌이
가지고 있는 액체 물질로, 사람의
피부에 닿으면 물집이 생길 수
있다. 이런 포름산은 어른들이
즐겨 마시는 커피에도 들어 있다.
커피콩에는 구연산과 사과산 등의
신맛을 내는 물질이 들어 있으며,
커피콩을 볶는 과정에서도

커피콩과 커피

유산이나 초산 등과 함께 포름산이 만들어진다. 이 물질들이 커피의 신맛을 낸다.
커피에 함유된 포름산은 아주 적은 양이므로 독성을 걱정하지 않아도 된다.

35

파충류

눈에서 피 눈물을 뿜어내는 도마뱀

사막뿔도마뱀

학명:Phrynosoma platyrhinos

피 눈물 발사!

사냥꾼 코요테도 도망치게 만든다!

색깔이 변하는 몸
위험이 닥치면 몸 색깔을 바꾸어
적을 속이거나 모래 속으로 숨는다.

사막뿔도마뱀은 코요테나 새 등의 동물에게 습격을 받으면 눈의 혈관에서 피를 분출해 반격한다. 사막뿔도마뱀이 뿜어내는 피에는 코요테 등의 동물들이 싫어하는 물질이 들어 있어 상대를 쫓는 효과가 있다. 분출하는 피의 양이 몸속 피의 약 4분의 1이나 되기 때문에 체력을 회복하지 못한 경우, 과다 출혈로 인하여 그 자리에서 죽는 사막뿔도마뱀도 있다고 한다.

서식지	북아메리카 남서부 사막 지대

분 류	척추동물>파충류>뱀목
먹 이	개미 등
특 징	눈에서 피를 내뿜어 적을 쫓는다.
몸무게	?
몸길이	8~11cm

 신기한 **동물 상식**

사막뿔도마뱀이 지닌 또 하나의 필살기

사막뿔도마뱀은 도마뱀의 일종이지만, 다른 도마뱀과 달리 몸이 둥글고 납작하게 생겼다. 위에서 본 모습이 두꺼비와 비슷해서 '뿔두꺼비'라고도 부른다. 사막뿔도마뱀에게는 피 눈물 공격 외에도 또 하나의 필살기가 있다. 코요테, 매, 뱀 등의 포식자와 마주치면 뿔이 달린 풍선처럼

두꺼비

자신의 몸을 2배 이상으로 부풀려 적을 위협하는 기술이다. 이런 위협에도 적이 도망가지 않으면 최후의 수단인 피 눈물 공격을 퍼붓는다.

연체동물

식물처럼 광합성을 할 수 있는 민달팽이

푸른민달팽이

학명:Elysia chlorotica

나뭇잎으로 위장
천적의 공격을 피하기 위해 바다 식물 중 나뭇잎처럼 생긴 해조류로 위장한다.

바닷속 산소통!

나뭇잎처럼 생긴 희귀 바다 동물!

광합성하는 동물
식물처럼 햇빛을 이용하여 양분과 산소를 만드는 광합성을 한다.

*광합성: 식물이 빛을 이용하여 양분을 스스로 만드는 과정.

푸른민달팽이의 몸은 녹색을 띠며 나뭇잎처럼 얇고 납작하다. 식물처럼 *광합성을 하는 동물로 알려져 있지만 태어날 때부터 광합성에 필요한 엽록체를 몸속에 지니고 있던 것은 아니다. 푸른민달팽이는 성장하면서 '바우체리아'라는 조류(물속에 사는 단순한 형태의 식물)를 먹는데, 바우체리아를 통해 얻은 엽록체를 소화하지 않고 몸속에 지니게 되면서 광합성을 할 수 있게 되었다.

서식지	아메리카 동부 연안

분 류	무척추동물>연체동물>병안목
먹 이	해조류
특 징	동물이지만 광합성을 할 수 있다.
몸무게	?
몸길이	2~6cm

신기한 동물 상식

푸른민달팽이의 광합성 능력은 유전?

푸른민달팽이를 연구하는 전문가에 따르면, 푸른민달팽이의 유전자 배열과 바우체리아의 유전자 배열이 일치하는 연구 결과가 나왔다고 한다. 이런 연구 결과를 통하여, 푸른민달팽이는 오랜 세월 동안 먹어 온 먹이의 몸에서 엽록체뿐만 아니라 엽록체 유지에 필요한 유전자까지

산호

가져왔다는 것을 추정하였다. 한편 푸른민달팽이 외에도 광합성을 통해 에너지를 얻는 동물들이 있으며, 그중 가장 대표적인 동물로 산호를 들 수 있다.

39

절지동물

실뭉치를 휘둘러서 먹잇감을 잡는 거미

여섯뿔가시거미

학명:Ordgarius sexspinosus

먹잇감을 사로잡는 사냥꾼!

여섯 개의 돌기
배 뒷부분에 여섯 개의 돌기가 나 있다.

먹이 잡는 거미줄
거미집을 짓지 않고 거미줄을 휘둘러 먹잇감을 사냥한다.

일반 거미는 실로 거미집을 지어 먹잇감이 걸려들기를 기다린다. 하지만 여섯뿔가시거미는 점착성이 강한 실을 올가미(짐승을 잡는 덫이나 그물)처럼 휘둘러 먹잇감을 사냥한다. 실 끝에 달린 둥근 실뭉치에는 밤나방 암컷이 분비하는 *페로몬과 비슷한 물질이 묻어 있어, 이것으로 밤나방 수컷을 유인한다.

방어력
스피드
지능
체력
공격력

분 류	무척추동물>절지동물>거미목
먹 이	밤나방 등
특 징	실을 올가미처럼 사용해 먹잇감을 잡는다.
몸무게	?
몸길이	1~2cm

서식지 북아메리카

40

*페로몬: 같은 무리에게 어떤 행동을 일으키게 하는 물질.

끈끈이 혀를 휘두르는 변신 파충류

카멜레온

파충류

학명:Chamaeleonidae

파리보다 재빠르게 움직이는 혀!

기다란 혀
혀 길이가 몸길이의
두 배가 될 정도로 길다.

방어력

스피드　　　지능

체력　　　공격력

카멜레온은 주변의 색깔에 따라 몸의 색을 바꾸고
양쪽 눈을 따로 움직일 수 있는 특징을 지니고 있다.
먹잇감을 사냥할 때는 끈끈이처럼 점착력이 있는
긴 혀를 재빠르게 쭉 뻗어 곤충을 잡는다. 카멜레온의
혀는 강한 근육으로 되어 있으며, 혀를 수축시킨 후
빠르게 이완시켜 먹잇감을 향해 세게 내찌른다.

서식지	아프리카, 마다가스카르

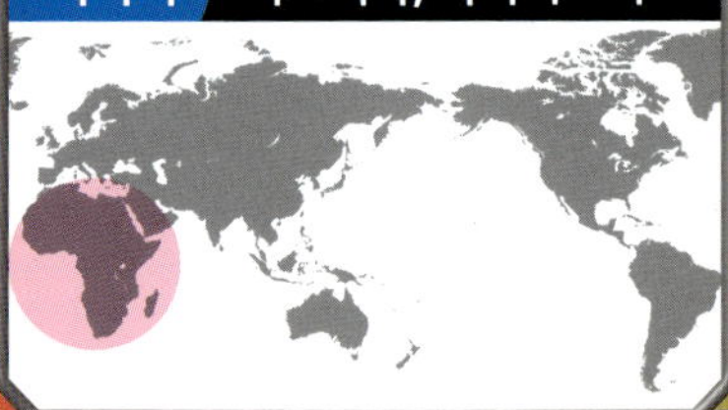

분 류	척추동물>파충류>뱀목
먹 이	곤충
특 징	몸의 색을 바꾸고 긴 혀로 먹잇감을 잡는다.
몸무게	?
몸길이	30~53cm

41

적을 향해 내뿜는 고약한 방귀 공격

줄무늬스컹크

포유류

학명:Mephitis mephitis

방귀 폭탄!

POWER UP!

방어하는 꼬리
적이 나타나면 먼저 발을 구르고 꼬리를 바짝 치켜들어 엉덩이를 보여 준다.

적의 시력까지 잃게 만들다!

스컹크는 매우 지독한 방귀를 뀌는 동물로 유명하다. 스컹크가 내뿜는 지독한 방귀의 정체는 항문 부근에서 분사되는 액체이다. 이 액체를 맞으면 일시적으로 시각과 후각을 잃게 되고, 심한 경우에는 시력을 잃어 앞을 못 보게 될 수도 한다. 줄무늬스컹크는 액체를 분사하기 전에 등을 둥글게 말고 꼬리를 수직으로 세워 적을 위협한다. 이 위협 동작만으로도 적을 물리칠 수 있다고 한다.

서식지	캐나다 북부~멕시코

분 류	척추동물>포유류>식육목
먹 이	쥐 등의 작은 포유류, 곤충, 과일
특 징	냄새나는 액체를 뿜어 적을 공격한다.
몸무게	6.5kg 이하
몸길이	80cm 이하

신기한 동물 상식

방귀가 지독할수록 인기 있는 스컹크

스컹크 세계에서는 방귀 냄새가 지독할수록 인기가 있다. 그래서 스컹크의 수컷과 암컷은 서로 엉덩이의 냄새를 맡아 본 다음 짝짓기를 한다고 한다. 태어날 새끼에게 좀 더 고약한 방귀가 몸을 지키는 무기가 되기 때문이다. 스컹크가 분사하는 방귀(액체)의 냄새는 1km 떨어진 곳에서도 맡을

줄무늬스컹크

수 있을 만큼 강렬한데다가, 몸에 묻으면 일주일 정도는 사라지지 않는다. 그래서 그 냄새를 한 번이라도 맡아 본 동물은 스컹크를 공격하지 않는다고 한다.

곤충류

뜨거운 열로 침입자를 죽이는 곤충

꿀벌

학명:Apis cerana

침입자를 물리치는
협동 작전!

봉구열
날개 근육을 세차게
진동시켜 열을 낸다.

따가운 벌침
배 끝에 있는 벌침으로
적을 공격한다.

꿀벌은 몇 만 마리가 모여 집단생활을 하는 편이다. 꿀벌의 천적인 말벌이 벌집을 침입하면 수십 마리의 꿀벌이 공 모양으로 적을 둥글게 에워싼다. 그리고 날개 근육을 세차게 진동시켜 열을 내는데, 이 열은 약 45℃까지 올라가 말벌을 데워 죽일 수 있다. 이것이 꿀벌의 필살기인 '봉구(공 형태로 뭉치는 것)열 공격'이다.

죽음의 열기!

분 류	무척추동물>곤충류>벌목
먹 이	꽃꿀
특 징	봉구열로 침입자를 데워 죽인다.
몸무게	약 100mg
몸길이	1.2~1.6cm

서식지 : 한국, 일본, 중국

촉수에서 빛을 내는 거대 심해 생물

흡혈오징어

연체동물

학명:Vampyroteuthis infernalis

지느러미
머리에 지느러미가 달려 있어서
큰귀문어로 오해를 받기도 한다.

심해 뱀파이어!

밝은 빛을 쏘아 혼란에 빠뜨린다!

발광기
촉수 사이의 얇은 막과
촉수 끝에 발광기가 있어서
빛을 낸다.

46

흡혈오징어는 뱀파이어문어 또는 박쥐문어로 불리는 심해 생물이다. 이렇게 무시무시한 이름으로 불리지만, 실제로는 살아 있는 먹잇감을 덮칠 정도로 사납지 않으며 오히려 적을 피해 달아나는 도망치기 선수라고 한다. 10개의 촉수 중 8개의 촉수 사이에 있는 얇은 막과 촉수 끝에 빛을 내는 발광기가 있으며, 촉수 끝의 빛을 이용해 적을 혼란에 빠뜨린 다음 그 틈을 타서 도망친다.

방어력 · 지능 · 공격력 · 체력 · 스피드

서식지	인도양, 태평양, 대서양

분 류	무척추동물>연체동물>흡혈오징어목
먹 이	바다눈(플랑크톤의 시체가 해저에 쌓인 것)
특 징	촉수 사이의 막과 끝에서 빛을 낸다.
몸무게	?
몸길이	약 30cm

신기한 동물 상식

흡혈오징어의 최후의 수단, 파인애플 흉내 내기

흡혈오징어는 빛을 이용해 적으로부터 벗어나지 못한 경우, 최후의 수단인 '파인애플 자세'를 한다. 파인애플 자세란, 다리를 우산처럼 펼친 후 위쪽으로 뒤집어 몸통을 둘러싼 둥근 형태를 말한다. 이런 형태를 취하면 몸통 안쪽 면의 새카만 부분만 드러나는데, 이를 이용해 캄캄한 심해에서 몸을 숨기는 것으로 추정된다. 흡혈오징어는 일반 오징어와 달리 겉표면이 붉고 다리 사이사이에 얇은 막이 있다.

일반 오징어

연체동물

얼음 바다 속 투명한 천사

클리오네

학명:Clione limacina

악마로 돌변!

먹이를 먹을 땐 무적 생물!

사냥하는 촉수
머리 부분이 갈라지면서 튀어나온 촉수로 먹이를 감싸서 먹는다.

클리오네는 내장 기관을 제외한 몸의 색깔이 투명하여 '유빙(물 위의 얼음덩이)의 천사' 또는 '얼음 요정'으로 불린다. 하지만 먹이를 잡는 방법과 먹는 모습은 마치 악마와도 같이 매우 섬뜩하다. 바다 나비라고 불리는 바다달팽이를 잡아먹는데, 이때 머리 부위(실제로는 배의 부분)가 갈라지며 '버컬 콘'이라 부르는 6개의 촉수가 튀어나와 바다달팽이의 양분을 빨아 먹는 기괴한 모습으로 변한다.

서식지	북태평양

분 류 무척추동물>연체동물>익족목
먹 이 바다달팽이
특 징 6개의 촉수로 먹이를 잡아먹는다.
몸무게 ?
몸길이 2~3cm

신기한 동물 상식

암수한몸인 클리오네의 번식 방법

클리오네는 암수한몸, 즉 자웅 동체 생물로 수컷과 암컷 모두의 성질을 가지고 있다. 보통 때는 암수를 구별하지 않다가 번식 때가 되면 수컷과 암컷의 역할을 결정한다. 역할이 결정되면 클리오네 두 마리가 배 부분을 서로 붙여 짝짓기를 하고 암컷 역할을 하는 클리오네 몸속에 알을 낳는다.

지렁이

그리고 약 4시간 후에 100~1000개 정도의 알을 바다로 내보낸다. 클리오네처럼 자웅 동체인 생물로는 지렁이, 달팽이, 굴 등이 있다.

49

우둘투둘한 돌기가 난 바다의 인삼

해삼

무척추동물

학명:Holothuroidea

맹독 뿜기!

먹잇감의 뼛속 까지 마비시키다!

관족으로 이동
몸통 아래에 난 여러 개의 관족으로
바다 밑을 기어 다닌다.

해삼은 '가시 있는 껍질을 지닌 동물'인 극피동물에 속한다. 내장 속에 독성분인 '사포닌'을 지니고 있어 적에게 쉽게 공격당하지 않는다. 습격을 당했을 경우에는 적에게 공격당한 부분의 살을 녹이고 내장을 뿜어낸다. 그리고 적에게 내장을 먹게 한 뒤 그 틈을 이용해 도망친다. 해삼은 재생 능력이 뛰어나 적을 향해 내뿜었던 내장은 2개월 정도면 재생된다.

방어력
스피드
지능
체력
공격력

서식지	전 세계 바다

분 류	무척추동물>극피동물
먹 이	종류에 따라 다양하다.
특 징	적을 향해 내장을 쏟아 내고 도망친다.
몸무게	?
몸길이	10~30cm

신기한 **동물 상식**

고급 식재료로 사용되는 해삼

칼슘과 철분이 풍부한 해삼은 중국에서 고급 식재료로 취급된다. 내장을 제거하고 소금물에 삶아 건조시킨 말린 해삼은 볶음이나 초절임(식초에 절인 음식) 등에 사용되고, 말린 해삼은 '검은 다이아몬드'라고 불리며 비싼 가격에 거래된다. 또한 일본에서는 해삼의 내장을 염장하여 발효시킨 음식과

해삼 요리

난소를 건조시킨 음식이 최고의 진미로 손꼽힌다. 우리나라에도 회, 볶음, 찜, 탕 등 다양한 방법의 해삼 요리가 있다.

총소리 같은 굉음을 내는 바다 새우

딱총새우

절지동물

학명:Alpheus brevicristatus

엄청난 충격파로 기절시키다!

집게발의 파괴력!

POWER UP!

집게발 공격
커다란 집게발로 굉음을 내고
기포(거품)를 발생시켜
적을 기절시킨다.

52

딱총새우는 갑옷처럼 단단한 피부와 10개의 다리를 가지고 있다. 양쪽에 큰 집게발이 있는데, 한쪽 집게발이 훨씬 더 크다. 커다란 집게발을 순간적으로 부딪치면 딱 하는 소리와 함께 충격파가 생긴다. 충격파는 시속 100km 정도이며, 적이 충격파를 직접 맞으면 기절할 정도의 위력을 지니고 있다. 집게발로 소리를 내는 이유는 동료들과 신호를 주고받거나 적을 위협하기 위해 내는 것으로 추정된다.

서식지	동아시아 연안

분 류	무척추동물>절지동물>십각목
먹 이	작은 물고기
특 징	집게발로 소리를 내어 적을 위협한다.
몸무게	?
몸길이	2~5.5cm

신기한 동물 상식

딱총새우와 망둑어의 아름다운 공생

딱총새우와 망둑어는 공생 관계에 있다. 공생이란, 종류가 다른 생물들이 같은 곳에서 서로를 도우며 함께 사는 일을 말한다. 딱총새우는 큰 집게발을 이용해 굴을 파거나 흙을 운반해 집을 만든다. 그러면 망둑어는 딱총새우가 만들어 놓은 굴 주변을 살피며 적이 나타나는지를 살피는 파수꾼 역할을 한다. 망둑어의 배설물은 딱총새우의 먹이가 되기도 한다. 이 밖에도 나비와 꽃, 진딧물과 개미, 흰동가리와 말미잘 등 생태계에는 다양한 공생 관계가 존재한다.

망둑어와 딱총새우

포유류

물 없이도 살아남는 기적의 포유류

캥거루쥐

학명:Dipodomys ingens

긴 뒷다리로 뛰어다닌다!

캥거루쥐는 건조한 사막이나 초원 지대에 서식하며
긴 뒷다리를 이용해 캥거루처럼 뛰어다닌다.
씨앗을 먹기도 하는 캥거루쥐는 공기 중의 산소와
씨앗이 함유한 수소를 몸속에서 합성시켜 물을
만들 수 있다. 이러한 능력 덕분에 건조한 환경에서도
일생 동안 물을 거의 마시지 않고도 살 수 있다고 한다.

방어력 / 지능 / 공격력 / 체력 / 스피드

분 류	척추동물>포유류>쥐목
먹 이	작은 물고기, 씨앗
특 징	몸속에서 수분을 만들어 낼 수 있다.
몸무게	35~180g
몸길이	10~20cm

서식지 북아메리카 남서부

54

자신보다 큰 생물도 잡아먹는 포악한 곤충

물장군

곤충류

학명:Lethocerus deyrollei

먹잇감을 녹여 빨아 먹다!

호흡 방법
배 끝에 있는 숨관을
물 밖에 내놓고 숨을 쉰다.

방어력
스피드
지능
체력
공격력

물장군은 잔인하고 포악한 물속 곤충으로 꼽히는데, 특히 먹잇감을 포획하는 방법이 매우 잔인하다. 뽀족한 입으로 먹잇감을 찔러 몸속에 소화액을 넣은 후 먹잇감의 몸이 흐물흐물해지면 빨아 먹는다. 이러한 방법으로 작은 물고기나 개구리뿐 아니라 거북이나 쥐처럼 자신보다 큰 동물을 잡아먹기도 한다.

서식지	한국, 일본, 중국

분 류	무척추동물>곤충류>노린재목
먹 이	작은 물고기, 개구리
특 징	먹이를 잡아 살을 녹인 후 빨아 먹는다.
몸무게	?
몸길이	4.8~6.5cm

양서류

몸에 털이 난 희귀 청개구리

아프리카숲청개구리

학명:Trichobatrachus robustus

날카로운 발톱을 드러내다!

기다란 털
옆구리와 허벅지에 난 털은
피부로 호흡하는 것을
도와주는 것으로 추정된다.

아프리카숲청개구리는 아프리카 중부에 서식하는
동물이다. 적으로부터 공격을 받거나 강하게
움켜쥐면 발가락뼈가 부러지면서 발톱과도 같은
날카로운 가시가 튀어나온다. 이렇듯 적에게 습격을
받아 위기에 처하게 되면, 스스로 몸의 일부를 희생해
적으로부터 빠져나갈 기회를 만든다.

분 류	척추동물>양서류>개구리목
먹 이	곤충, 거미 등
특 징	공격을 받으면 발톱이 튀어나온다.
몸무게	50~120g
몸길이	약 11cm

서식지 **중앙아프리카**

56

2장

최강왕

공포의
맹독왕

흥분하면 표범무늬가 살아나는 독 문어

푸른점문어

연체동물

학명:Hapalochlaena fasciata

독침 공격!

죽음을 부르는 푸른 무늬!

빨판과 먹물주머니
빨판은 힘이 약하고
먹물주머니는 퇴화했다.

푸른점문어는 온몸에 표범무늬와 비슷한
얼룩무늬가 있다. 평소에는 주변의 색과 비슷하게
위장하고 있기 때문에 눈에 띄지 않지만,
흥분하면 얼룩무늬가 선명해지면서 모습을
드러낸다. 푸른점문어의 침에는 구토,
호흡 곤란, 혀의 마비 등의 증상을 일으키는
'테트로도톡신'이라는 맹독 성분이 들어 있는데,
이 성분에 노출되면 최악의 경우 2시간도 안 되어
죽음에 이를 수 있다.

방어력 / 지능 / 공격력 / 체력 / 스피드

| 서식지 | 인도양, 서태평양, 일본 중부~남부 |

분 류	무척추동물>연체동물>문어목
먹 이	조개류
특 징	몸의 색을 바꾸며 맹독을 가지고 있다.
몸무게	?
몸길이	10~15cm

신기한 동물 상식

푸른점문어의 입은 어디에 있을까?

푸른점문어는 눈 밑에
입처럼 보이는 관 모양의 기관이
있다. 하지만 이것은 입이 아니라
물과 배설물, 먹물 등을 배출하는
기관이다. 진짜 입은 다리와 몸통이
이어지는 부위에 숨어 있으며,
입으로 먹이를 물어 독을 주입한다.
푸른점문어의 테트로도톡신은
복어가 지닌 신경독과 같은 맹독

복어

성분으로, 독성이 매우 강하다. 오스트레일리아 등에서는 실제로 푸른점문어에
물려 사람이 사망한 사례가 보고되고 있다.

59

파충류

위험한 세균을 지닌 거대 도마뱀

코모도왕도마뱀

학명:Varanus komodoensis

세균 감염!

거대한 몸집
머리가 크고 몸이 긴 왕도마뱀 중에서 가장 크다.

정신을 잃게 하는 세균 공격!

냄새 맡는 혀
뱀의 혀처럼 가늘고 길며 끝이 두 갈래로 갈라져 있다.

코모도왕도마뱀은 몸길이가 3m 이상인 대형 도마뱀으로, '코모도드래곤'이라고도 부른다. 성질이 매우 사나우며 사슴이나 물소 같은 대형 포유류도 잡아먹는다. 코모도왕도마뱀의 침 속에는 60여 종 이상의 세균이 있어 물리면 세균에 감염돼 몇 시간 내에 정신을 잃게 된다. 일단 먹잇감을 무는 데 성공하면, 먹잇감이 도망을 치더라도 예민한 후각으로 찾아내어 숨통을 끊어 놓는다.

서식지	인도네시아 중부

분 류	척추동물>파충류>뱀목
먹 이	포유류, 파충류, 조류 등
특 징	세균으로 먹잇감을 감염시킨다.
몸무게	약 140kg
몸길이	250~310cm

신기한 동물 상식

세계자연유산에 서식하는 코모도왕도마뱀

코모도왕도마뱀이 속해 있는 왕도마뱀과의 동물들은 오래전부터 가죽용이나 식용, 약용 등으로 쓰여 왔다. 그런데 근대에 들어 사람들이 가죽을 얻기 위해 많이 포획한 결과 왕도마뱀과의 동물 수가 심각하게 줄어들고 말았다. 코모도왕도마뱀 또한 멸종 위기에 놓이게 되자, 코모도왕도마뱀의 서식지를

코모도국립공원

'코모도국립공원'으로 지정하여 보호하게 되었다. 인도네시아의 코모도섬에 있는 코모도국립공원은 1991년에 세계자연유산에 등재되었다.

알을 낳는 희귀한 포유류

오리너구리

포유류

학명:Ornithorhynchus anatinus

독 발톱
수컷의 뒷발 발톱에
독성분이 있다.

무서운 독!

적을 제압하는 초강력 발차기!

예민한 주둥이
주둥이의 예민한 감각으로
물 밑에 사는 가재 등을
찾아내 잡아먹는다.

62

오리너구리는 전체적으로 회갈색을 띠며 다리가
짧고 물갈퀴가 발달하였다. 수컷의 뒷발에는
며느리발톱(다리 뒤쪽을 향하여 나 있는 돌기)이 붙어
있는데, 이 발톱은 독샘과 연결되어 있다.
적에게 공격을 당하면 강력한 발차기를
날린 다음 발톱을 찔러 넣어 독을 주입한다.
독 발톱의 공격을 받은 동물은 심한 고통에
시달리게 되는데, 심한 경우 심장과 호흡이
정지되어 죽기도 한다.

서식지	오스트레일리아, 태즈메이니아섬 등

분 류	척추동물>포유류>단공목
먹 이	곤충
특 징	수컷의 뒷발 발톱에 독이 있다.
몸무게	0.5~2kg
몸길이	30~45cm

신기한 동물 상식

오리너구리는 왜 포유류가 되었을까?

포유류의 가장 큰 특징은
새끼를 낳아 젖을 먹여 키운다는
점이다. 그런데 알을 낳는 동물인
오리너구리가 왜 포유류로
분류되었을까?
18세기 말, 오리너구리를 처음 본
연구가들은 생김새와 특징을 보고
어떤 동물로 분류할지 고민했다고
한다. 그리고 다양한 논의 끝에

물갈퀴가 달린 오리너구리의 발

'젖으로 새끼를 키운다'는 사실에 초점을 맞춰 포유류로 분류했다. 오리너구리는
젖꼭지가 없지만, 배의 유선에서 분비되는 젖을 새끼에게 먹이기 때문이다.

양서류

세계 최강의 독을 가진 개구리

황금독화살개구리

학명:Phyllobates terribilis

등에서 치명적인 독을 내뿜다!

치명적인 독
독 1g으로 5000명의 사람을
죽일 수 있을 정도로 강력하다.

독개구릿과에 속하는 개구리는 독성을 가진 것으로
알려져 있다. 그중에서도 황금독화살개구리의 독은
매우 강하다고 한다. 황금독화살개구리의 독은 등의
피부에서 나오는데, 어떤 생물은 이 독에 스치기만
해도 근육이 위축되고 최악의 경우 목숨을 잃게 된다.
한 마리의 독으로 10000마리의 쥐를 죽일 수도 있다.

방어력

스피드

지능

체력

공격력

분 류	척추동물>양서류>개구리목
먹 이	곤충 등
특 징	등에서 나오는 독으로 적을 공격한다.
몸무게	?
몸길이	5~6cm

서식지 | 남아메리카

귀여운 겉모습과는 정반대로 끔찍한 애벌레

플란넬나방유충

곤충류

학명:Megalopyge opercularis

날카로운 독 가시
털 밑에 있는 독 가시에 찔리면 심한 통증과 고열로 고생한다.

독 가시를 숨긴 털북숭이!

방어력
스피드
지능
체력
공격력

플란넬나방유충은 복슬복슬한 털북숭이의 모습이 고양이처럼 귀여워 '고양이애벌레' 또는 '털북숭이 애벌레'라고도 불린다. 하지만 귀여운 외모와는 달리 털 밑에 맹독의 가시를 숨기고 있다. 이 가시에 찔리면 순식간에 심한 통증에 시달리게 되는데, 통증이 길게는 12시간이나 지속되어 심한 고통을 준다고 한다.

서식지 **북아메리카 중부~남부**

분 류 무척추동물>곤충류>나비목
먹 이 개미 등
특 징 복슬복슬한 털 밑에 독 가시를 지니고 있다.
몸무게 ?
몸길이 약 2.5cm

65

무척추동물

맹독을 가진 살인 해파리

호주상자해파리

학명:Chironex fleckeri

상자 모양의 몸
몸이 네 개의 면으로 되어 있어
이름에 '상자'라는 말이 붙여졌다.

독침 발사!

POWER UP!

지옥으로 안내하는 죽음의 촉수!

호주상자해파리는 상자해파리의 일종으로 시속 7.5km 정도로 헤엄칠 수 있다. 촉수에는 약 5000개의 작은 독침들이 붙어 있으며, 이 독침은 독성이 매우 강하여 작은 물고기나 새우 정도는 눈 깜짝할 사이에 기절시키거나 죽일 수 있다. 사람도 이 독침에 쏘이면 통증이 너무 커서 쇼크 상태(충격으로 인한 정신·신체의 특이 반응)에 빠질 수 있고, 심하면 1분 안에 목숨까지 잃을 수 있다고 한다.

서식지	오스트레일리아 연안

분 류) 무척추동물>자포동물

먹 이) 작은 물고기, 작은 새우 등

특 징) 촉수에 약 5000개의 독침이 있다.

몸무게) 약 2kg

몸길이) 약 300cm

신기한 동물 상식

호주상자해파리의 천적, 바다거북

호주상자해파리는 생물의 신경과 피부 세포에 영향을 주는 맹독을 지녔다. 사람들마저 두려워하는 이 살인 해파리에게도 천적이 있는데, 바로 바다거북이다. 바다거북은 해파리의 독에 내성(견뎌 내는 성질)을 지니고 있기 때문에 독으로 인한 어떠한 피해도 입지 않는다고 한다.

바다거북

바다거북에게 잡힌 해파리는 머리부터 먹히고 만다. 그래서 호주상자해파리는 바다거북을 만나면 재빨리 도망친다.

독 가시로 반격하는 바다의 채찍

노랑가오리

어류

학명:Dasyatis akajei

가시 채찍!

독 가시가 달린 꼬리를 휘두르다!

독 가시
꼬리에 날카로운
독 가시가 돋아 있다.

노랑가오리의 몸은 노란색이나 붉은색을 띠며
위아래로 납작한 모양이다. 바닥이 모래나
진흙으로 되어 있는 얕은 바다나 강 하구에
서식한다. 다른 동물에게 공격을 받으면
긴 꼬리를 휘둘러 반격한다. 꼬리에는 뾰족한
가시가 있으며, 이 가시에는 독이 있어서
쏘이면 매우 아프고, 양쪽이 톱날 모양으로
생겨서 찔리면 잘 빠지지도 않는다. 먹잇감을
평평한 몸으로 에워싸 천천히 잡아먹는다.

서식지	한국을 포함한 동아시아 연안

분 류	척추동물>어류>매가오리목
먹 이	새우, 오징어, 조개류 등
특 징	꼬리에 맹독의 가시가 달려 있다.
몸무게	약 350kg
몸길이	약 200cm

신기한 동물 상식

먹잇감을 감지하는 특수 감각 기관

가오리나 상어의 무리
중에는 생물이 만들어 내는 약한
전류를 감지하는 '로렌치니기관'을
지닌 개체가 있다. 그중 하나인
노랑가오리는 평소에는 바다 밑
모래 속에 숨어 있다가, 입 쪽에
있는 로렌치니기관이 먹이를
감지하면 사냥을 시작한다. 상어와
가오리 모두 연골어류(유연한 골격의

상어

어류)에 속하지만, 상어는 사납고 공격적인데 비해 가오리는 온순하고 움직임도
여유롭다. 그래서 가오리가 상어에게 잡아먹히는 경우가 많다.

코브라보다 강한 독을 가진 독뱀

인랜드타이판

파충류

★ ★ ★ ★

학명:Oxyuranus microlepidotus

무시무시한 공격 무기!

색깔이 변하는 몸
짙은 갈색이지만 겨울과
여름에는 진하기가 달라진다.

인랜드타이판은 코브라과 타이판속에 속하는
독뱀 중 최강의 맹독을 자랑한다. 독의 위력은
인도 코브라의 50배나 되며, 한 번 물었을 때 나오는
독의 양으로 250000마리의 쥐를 죽일 수 있다고 한다.
하지만 독의 위력에 비해 온순하고 겁이 많은
성격이어서 사람이 물리는 경우는 거의 없다고 한다.

방어력 / 지능 / 공격력 / 체력 / 스피드

분 류	척추동물>파충류>뱀목
먹 이	작은 포유류
특 징	독뱀 중에서도 가장 강한 독성이 있다.
몸무게	?
몸길이	100~200cm

서식지 오스트레일리아 중부~동부

70

뉴기니섬에 사는 맹독성 조류

관모피토휘

조류

학명:Pitohui dichrous

치명적인 독성분
깃털과 근육에 매우 치명적인
독성분이 있다.

몸을 보호하는 맹독 무기!

방어력
스피드
지능
체력
공격력

관모피토휘는 오스트레일리아의 뉴기니섬에 서식하며
깃털과 근육에 독성이 있다. 이 독성은 황금독화살
개구리(64쪽)의 독과 비슷한 수준이며, 매우 치명적인
맹독 물질인 청산가리보다 2000배나 더 강하다고 한다.
관모피토휘의 독은 자신의 몸을 지키기 위한
방어 무기일 뿐 공격과 사냥에는 사용하지 않는다.

서식지 | 뉴기니섬

분 류	척추동물>조류>참새목
먹 이	곤충
특 징	조금만 닿아도 마비시키는 맹독을 지녔다.
몸무게	약 65g
몸길이	약 25cm

71

파충류

독을 뿜는 무시무시한 코브라

스피팅코브라

학명:Hemachatus haemachatus

위협하는 자세
화가 나거나 흥분하면 머리를
꼿꼿이 세우고 목 양옆에 있는
후드를 펼친다.

독 스프레이!

스피팅코브라의 별명은 '독을 뿜는 코브라'이다. 적에게 공격을 당하면 적의 눈을 향해 마치 침을 뱉듯 독을 분사한다. 이 독이 눈에 들어가면 심한 고통을 느끼게 되고, 상처에 들어가면 열과 구토 등을 일으킬 수 있다. 스피팅코브라의 독은 다른 코브라의 독에 비해 수분이 많고 끈끈함이 덜하기 때문에 최대 2.5m 이상이나 멀리 뻗어 나갈 수 있다고 한다.

서식지	아프리카 남부

분 류	척추동물>파충류>뱀목
먹 이	개구리
특 징	독을 뿜어 멀리 있는 적을 공격한다.
몸무게	?
몸길이	90~110cm

신기한 동물 상식

뱀들의 독특한 방어 기술

많은 뱀들이 자신의 몸을 지키기 위해 저마다의 독특한 방어 기술을 가지고 있다.
방울뱀은 위험을 느끼면 꼬리를 흔들어 '스르르스르르' 소리를 내고, 인도코브라는 몸을 일으켜 몸집을 크게 만든다. 블랙맘바는 독을 과시하듯 입을 크게 벌리고, 속눈썹살모사는 나뭇가지로

방울뱀

위장해 적이 지나가기를 기다린다. 스피팅코브라는 자신의 독 공격이 통하지 않는 상대를 만나면, 배를 보이고 누워 입을 벌린 채 축 늘어져 죽은 척을 한다.

73

꼬리 독침으로 먹잇감의 숨통을 끊는 전갈

데스스토커

절지동물

학명:Leiurus quinquestriatus

죽음으로 몰아넣는 공포의 스토커!

꼬리 독침
꼬리 끝에 독침이 달려 있다.

집게발
1쌍의 집게발로 먹이를 잡아먹는다.

데스스토커는 주로 사막에 서식하는 전갈이다.
굵은 꼬리에는 강력한 무기인 독침이 있다.
이 독침에 쏘이면 신경이 마비되고, 심한 경우에는
목이 경직되고 호흡 근육이 마비되어 질식사할 수도
있다. 한번 노린 먹잇감은 절대로 놓치지 않고
확실히 숨통을 끊어 놓는 습성을 지니고 있다.

방어력 · 지능 · 공격력 · 체력 · 스피드

분　류	무척추동물>절지동물>전갈목
먹　이	곤충, 작은 동물
특　징	사람도 죽일 수 있는 맹독을 지녔다.
몸무게	?
몸길이	약 10cm

서식지 북아프리카, 중동, 인도 주변

74

독성을 지닌 희귀 원숭이

늘보원숭이

포유류

학명:Nycticebus coucang

스스로를 지키는 독 샤워!

방어력

스피드 | 지능

체력 | 공격력

늘보원숭이는 팔꿈치 안쪽에 있는 피지샘에서 독을 분비한다. 그 독을 이빨과 혀에 묻혀 온몸의 털에 발라 놓는다. '늘보'라는 이름대로 움직임이 매우 느려 적에게 습격당하기 쉽지만, 독 방어 덕분에 자신의 몸을 스스로 지킬 수 있다. 늘보원숭이에게 물리면 독에 감염되어 최악의 경우는 목숨을 잃기도 한다.

서식지	동남아시아

분 류	척추동물>포유류>영장목
먹 이	나뭇진, 과일, 곤충 등
특 징	팔꿈치 안쪽의 피지샘에서 독을 분비한다.
몸무게	1~2kg
몸길이	27~38cm

장수말벌처럼 강한 독침을 쏘는 개미

총알개미

학명:Paraponera clavata

곤충류

고통으로 몰아넣는 독침 발사!

맹독 공격!

커다란 몸
개미 중에서 몸집이 큰 편에 속한다.

총알 같은 독침
총알에 맞은 듯한 극심한 고통을 일으킨다고 해서 총알개미라고 불린다.

총알개미는 엉덩이 끝에 독침이 있다.
이 독침은 장수말벌(80쪽)의 독침과 같은 수준의
독성을 가지고 있다. 총알개미에게 쏘이면
온몸이 불에 댄 듯한 엄청난 통증에 시달리고
경련이 일어난다고 한다. 이러한 고통이
24시간이나 계속되어 현지에서는 '호르미가
베인티쿠아트로'라고 불리는데, 이는 '24시간
개미'라는 뜻이다. 독침 외에도 날카로운 턱을
강력한 무기로 사용한다.

서식지	니카라과~파라과이의 열대

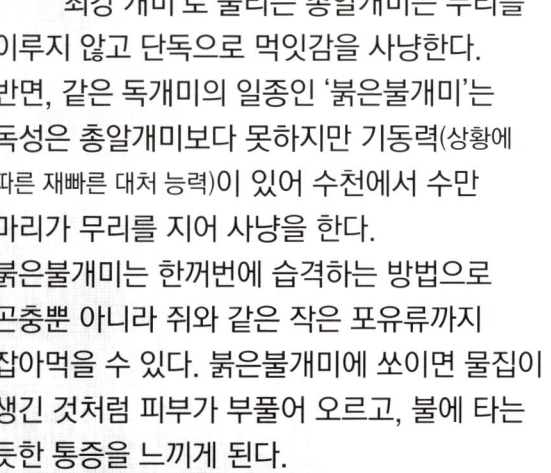

분 류	무척추동물>곤충류>벌목
먹 이	작은 곤충, 나뭇진, 꽃꿀
특 징	장수말벌처럼 강한 독침을 쏜다.
몸무게	?
몸길이	1.8~3cm

신기한 동물 상식

집단 공격으로 적을 제압하는 붉은불개미

'최강 개미'로 불리는 총알개미는 무리를
이루지 않고 단독으로 먹잇감을 사냥한다.
반면, 같은 독개미의 일종인 '붉은불개미'는
독성은 총알개미보다 못하지만 기동력(상황에
따른 재빠른 대처 능력)이 있어 수천에서 수만
마리가 무리를 지어 사냥을 한다.
붉은불개미는 한꺼번에 습격하는 방법으로
곤충뿐 아니라 쥐와 같은 작은 포유류까지
잡아먹을 수 있다. 붉은불개미에 쏘이면 물집이
생긴 것처럼 피부가 부풀어 오르고, 불에 타는
듯한 통증을 느끼게 된다.

붉은불개미

77

독뱀보다 강력한 독을 가진 고둥

연체동물

청자고둥

학명:Conus geographus

★ ★ ★ ★

통째로 먹잇감을 포식하다!

독침 발사
입에서 코노톡신이라는 독이 들어 있는 독침을 발사한다.

청자고둥은 붉은 자주색에 흑갈색 무늬가 있는 고둥이다. 가까이 다가가면 입속에서 뾰족한 창 모양의 이빨(치설)을 쑥 내민다. 이 이빨로 먹잇감을 찔러 독을 주입한다. 그리고 독성분 때문에 움직일 수 없게 된 먹잇감을 통째로 삼켜 잡아먹는다. 청자고둥 한 개의 독으로 약 30명의 사람을 죽게 할 수 있다고 한다.

방어력 / 지능 / 공격력 / 체력 / 스피드

분 류	무척추동물>연체동물>신복족목
먹 이	작은 물고기
특 징	맹독 성분의 독침으로 적을 죽인다.
몸무게	약 125g
몸길이	약 12cm

서식지 인도양, 태평양

세계 최강의 맹독을 가진 생물

마우이독버튼폴립

무척추동물

학명:Palythoa toxica

신경을 마비시키는 세계 최강 독!

방어력
스피드
지능
체력
공격력

산호의 일종이며 지구상에 서식하는 맹독 생물 중 최고로 꼽힌다. 마우이독버튼폴립이 지닌 '펠리톡신'이라는 독은 심장 근육이나 폐 혈관을 급격히 수축시켜 적혈구(산소를 운반하는 세포)를 파괴하는 무서운 신경독이다. 그 위력은 청산가리의 8000배 정도이며, 사람이 소량만 섭취해도 죽음에 이른다.

서식지	하와이섬과 마우이섬 연안

분 류	무척추동물>자포동물
먹 이	세균, 미생물
특 징	신경을 마비시키는 맹독을 지녔다.
몸무게	?
몸길이	약 3.5cm(지름의 크기)

곤충류

가장 크고 독성이 강한 말벌

장수말벌

학명:Vespa mandarinia

가장 무서운 독침 공격!

방어력

스피드

지능

체력

공격력

장수말벌은 말벌 중에서 몸집도 크고, 독성도 최강인 살인 말벌로 꼽힌다. 적이 장수말벌의 둥지에 접근하면 강한 턱을 부딪쳐 그 소리로 위협하거나, 독침 공격을 퍼붓는다. 장수말벌의 독침은 독성이 매우 강해 쏘이면 피부가 붓고 심한 통증에 시달리게 된다. 최악의 경우에는 목숨을 잃을 수도 있다.

분 류	무척추동물〉곤충류〉벌목
먹 이	나뭇진, 곤충
특 징	독침을 쏘거나 강력한 턱으로 문다.
몸무게	1.8~2g
몸길이	2.7~3.9cm

서식지 | 인도, 동남아시아, 한국, 일본

80

변신의 천재로 불리는 문어

변신문어

연체동물

학명:Thaumoctopus mimicus

놀라운 변신술!

변신하는 몸
천적을 속이기 위해
바위로 위장하기도 한다.

바위로 변신하는 위장 능력!

문어는 위장 능력이 매우 뛰어난 바다 생물로 유명하다. 문어 중에서도 최고로 위장을 잘하는 변신문어는 40여 개의 다른 동물로 위장할 수 있다고 한다. 변신문어는 천적을 속이거나 먹잇감을 잡기 위해 돌이나 모래 등의 물질로도 위장한다. 바다뱀, 쏠배감펭, 가자미 등의 천적을 속일 때는 천적 동물들이 싫어하는 동물로 변신하여 잡아먹히지 않고 도망칠 수 있다고 한다.

서식지	인도양, 태평양

분 류	무척추동물>연체동물>문어목
먹 이	물고기 등
특 징	문어 중에서 위장술이 가장 뛰어나다.
몸무게	?
몸길이	약 30cm

신기한 동물 상식

문어는 왜 변신을 잘할까?

대부분의 문어는 몸의 색을 빠르게 바꾸어 위장하는 능력이 있다. 이것은 문어가 '색소포'라는 특수한 세포를 지녔기 때문이다. 카멜레온이나 일부 개구리도 색소포를 가지고 있다. 하지만 색과 형태 모두를 흉내 낼 수 있는 것은 변신문어뿐이라고 한다. 변신문어는 8개의 다리 중 3개를 구부려 불가사리를 흉내 내는가 하면, 몸을 납작하게 만들어 넙치를 흉내 내기도 한다. 이 뛰어난 변신 기술의 비밀은 아직 밝혀지지 않았다.

문어

83

머리에 낚싯대가 달린 물고기

빨간씬벵이

어류

학명:Antennarius striatus

미끼로 먹잇감을 끌어들이다!

낚시 물고기!

가슴지느러미
가슴지느러미를 이용해
걸어 다니듯이 이동한다.

빨간씬벵이는 바닥이 모래 진흙으로 된
바위 지대에 서식한다. 눈은 작고 머리 위쪽에
달려 있으며, 입안에는 날카로운 이빨이
여러 줄 나 있다. 등지느러미가 변하여 생긴
돌기를 미끼(낚시 끝에 꿰는 물고기의 먹이)처럼
움직여 먹잇감을 유인한다. 헤엄을 잘 치지
못하고 가슴지느러미로 걷듯이 이동한다.
전 세계적으로 다양한 종류의 씬벵이가 있으며
몸의 색은 종류에 따라 매우 다양하다.

서식지	동태평양을 제외한 온대와 열대 바다

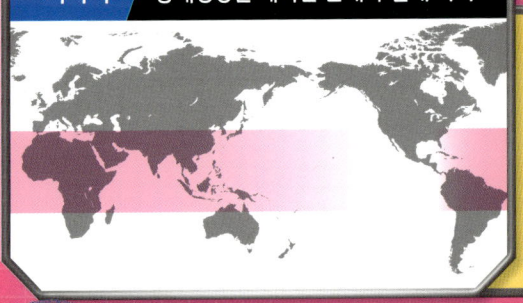

분 류	척추동물>어류>아귀목
먹 이	물고기, 갑각류 등
특 징	가짜 미끼로 먹잇감을 사냥한다.
몸무게	?
몸길이	약 15cm

신기한 동물 상식

빛을 내는 심해 발광 생물의 비밀

깊은 바닷속은 매우 캄캄해
씬벵이처럼 미끼를 흔들어도 잘
보이지 않는다. 그래서 심해 생물들
중에는 빛을 내 먹이를 유인하는
생물이 있다. 그중 독사 물고기라
불리는 파이퍼피시가 특히
유명하다. 해파리나 심해 오징어도
먹이를 유인하거나 위장을 하기
위해 빛을 낸다. 신비로운

해파리

발광 능력의 비밀은 '루시페린'이라는 발광 물질에 있다. 대부분의 발광 생물은
몸속에 있는 루시페린을 효소로 산화시켜 빛을 낸다고 한다.

곤충류

시체 더미를 등에 짊어지고 다니는 노린재

침노린재

학명:Gardena

독침을 쏴 적을 제압하다!

침노린재는 전 세계에 약 6천여 종이 존재하며 대부분 육식성이다. 사냥을 할 때는 주둥이로 먹잇감을 찔러 운동 신경을 마비시키는 성분을 주입한 후 체액을 빨아 먹는다. 죽은 먹잇감(개미 등) 여러 마리를 짊어지고 다니기도 하는데, 이것은 몸집을 키워 천적이 쉽게 공격하지 못하게 하려는 것이라고 한다.

방어력 / 지능 / 공격력 / 체력 / 스피드

분 류	무척추동물>곤충류>노린재목
먹 이	곤충 등
특 징	시체를 짊어지고 다니며 자신을 보호한다.
몸무게	?
몸길이	1.2~2.7cm

서식지   전 세계

마법처럼 자신의 몸을 숨기는 능력자

유리날개나비

곤충류

학명:Greta oto

서프라이즈한 투명 날개!

유리날개나비는 옆으로 긴 날개와 가늘고 긴 몸통의 생김새 때문에 '투명잠자리나비'라고도 불린다. 날개에 비늘 모양의 가루가 거의 없어서 날개 안쪽이 투명해 보인다. 투명한 날개를 통해 날개 너머의 풍경이 보이기 때문에 꽃에 앉아 있을 때나 비행 중에도 풍경에 녹아들어 눈에 잘 띄지 않는다.

방어력 / 지능 / 공격력 / 체력 / 스피드

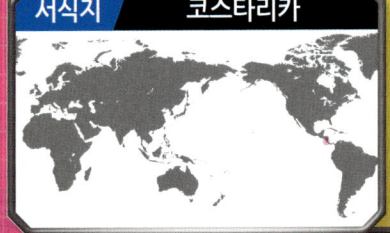

서식지	코스타리카

분 류	무척추동물>곤충류>나비목
먹 이	꽃꿀
특 징	투명해 보이는 아름다운 날개가 있다.
몸무게	?
몸길이	3.5~8cm

파충류

거미 모양의 꼬리로 사냥하는 독뱀

거미꼬리뿔살무사

학명:Pseudocerastes urarachnoides

가짜 거미!

무시무시한 독뱀의 놀라운 속임수!

거미 모양 꼬리
거미를 닮은 꼬리를 흔들어서
꼬리를 거미로 착각하고
다가오는 동물을 사냥한다.

*변이: 같은 종에서 모양과 성질이 다른 개체가 존재하는 현상.

거미꼬리뿔살무사는 꼬리 끝이 거미와 비슷하게 생긴 살무삿과의 뱀이다. 꼬리 끝을 살아 있는 생물처럼 움직여 작은 새를 유인해 사냥한다고 한다. 처음 발견된 2006년 당시 거미 모양 꼬리를 보고는, 발견된 뱀에게서만 나타나는 *변이라고 생각했다. 하지만 동일한 형태의 뱀이 여러 마리 발견되고, 꼬리 끝을 이용해 먹이를 유인하는 모습이 확인되면서 신종(새로운 종류)으로 인정되었다.

서식지	이란

분 류	척추동물>파충류>뱀목
먹 이	작은 새 등
특 징	가짜 미끼로 먹잇감을 유인한다.
몸무게	약 700g
몸길이	35~45cm

신기한 동물 상식

꼬리 모양이 특이한 방울뱀

독뱀으로 유명한 방울뱀도 거미꼬리뿔살무사처럼 꼬리 모양이 특이하다. 방울뱀의 꼬리 끝에는 굵은 마디가 있으며, 속이 비어 있어 흔들면 소리가 난다. 그 소리가 방울 소리 같다고 해서 방울뱀이라는 이름이 붙여졌다. 방울뱀은 자신을 공격하는 적에게 경고하는 등 자신을 보호하기 위한

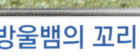
방울뱀의 꼬리

목적으로 소리를 낸다. 꼬리 끝의 마디 수는 탈피(허물이나 껍질을 벗음)를 할 때마다 늘어나지만 어느 정도 시간이 지나면 오래된 마디는 떨어져 나간다.

89

곤충류

아름다운 꽃으로 위장한 육식 곤충

난초사마귀

학명:Hymenopus coronatus

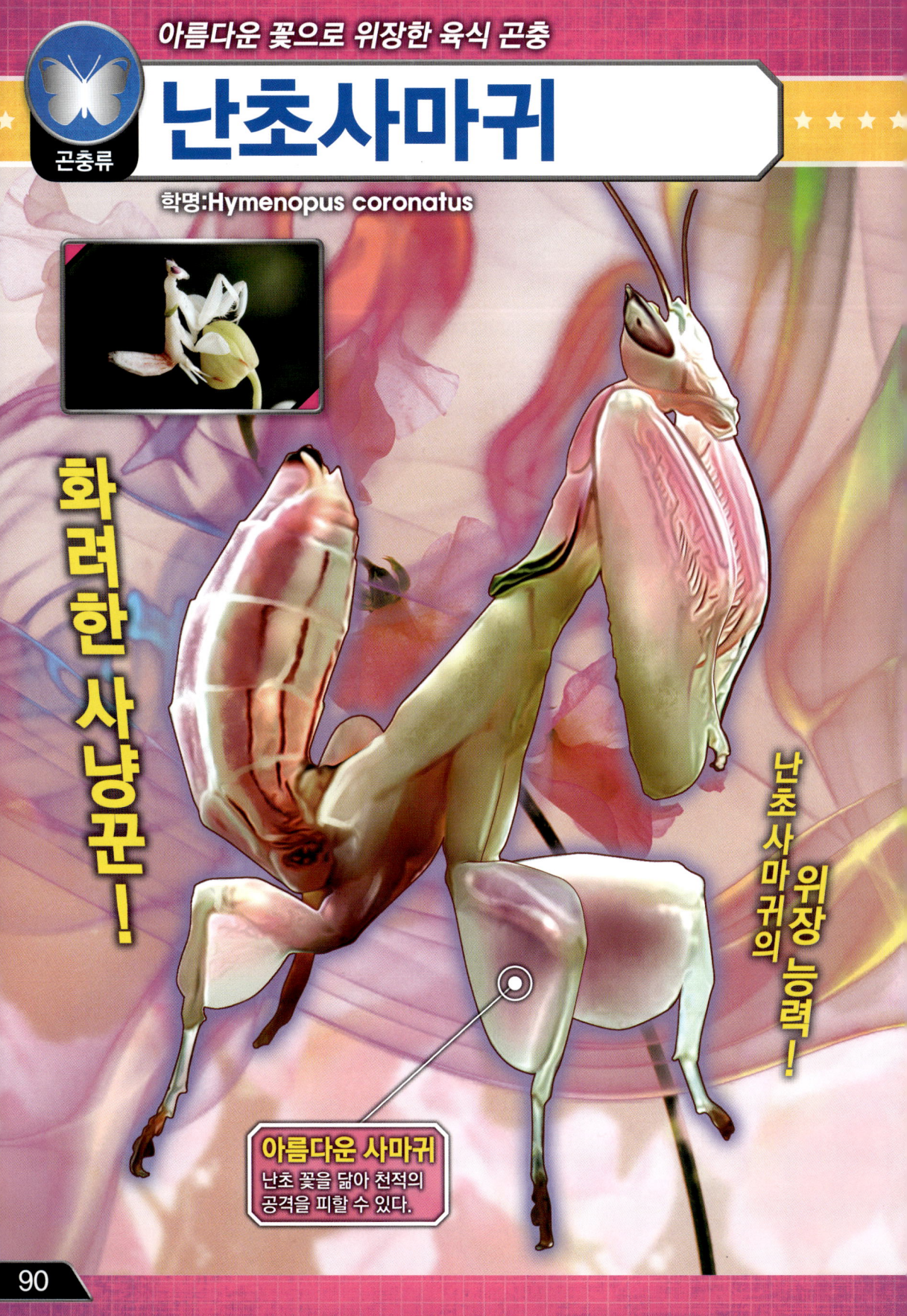

화려한 사냥꾼!

난초사마귀의 위장 능력!

아름다운 사마귀
난초 꽃을 닮아 천적의
공격을 피할 수 있다.

난초사마귀는 난초 꽃을 닮아 '꽃사마귀'라고도 불린다. 꽃향기와 비슷한 페로몬을 뿜어내 벌 등의 곤충을 유인한 다음 낫처럼 생긴 다리를 이용해 재빠르게 잡아먹는다. 꽃잎 사이에 숨어 있으면 천적으로부터 자신을 지킬 수 있을 뿐만 아니라, 난초사마귀를 꽃으로 알고 다가오는 곤충들을 쉽게 잡을 수 있다. 완전히 성충이 되면 몸이 새하얗게 되고 위장 능력이 떨어진다고 한다.

방어력	
스피드	지능
체력	공격력

서식지	동남아시아

분 류	무척추동물>곤충류>사마귀목
먹 이	곤충, 작은 동물 등
특 징	난초 꽃으로 위장해 먹이를 사냥한다.
몸무게	?
몸길이	3.5~7cm

신기한 동물 상식

난초사마귀유충이 흉내 내는 곤충은?

난초사마귀는 예쁜 난초 꽃을 닮았지만, 난초사마귀의 유충은 검은색과 붉은색을 띠는 칙칙한 색이다. 이 색깔은 난초사마귀의 서식지에 있는 악취 곤충인 노린재의 색이기도 하다. 유충은 노린재를 흉내 내면서 '나에게 다가오면 악취를 뿜겠어!'라고 적에게 경고하는 것이라고 한다.

난초사마귀유충

최초의 탈피를 통해 검은색과 붉은색을 띠는 시기는 끝이 나지만, 난초 꽃과 구분이 안 될 정도의 모습을 갖추기까지는 여러 번의 탈피를 거쳐야 한다.

91

곤충류

장수말벌의 모습을 흉내 내는 나방

유리나방

학명:Pennisetia fixseni

위장 비행!

투명한 날개
장수말벌처럼 투명한 날개에
검은 날개맥이 있다.

뛰어난 위장술
장수말벌과 모습이
비슷하여 천적을 속이고
공격을 피할 수 있다.

무적의 장수말벌로 변신 성공!

유리나방은 생김새가 장수말벌과 많이 닮았지만 유리나방과에 속하는 나방이다.
유충 시기에는 나무딸기 등의 식물 줄기 속에서 지내기 때문에 천적의 공격을 피해 안전하게 지낼 수 있다. 그리고 성충이 되면 강한 육식 곤충인 장수말벌로 위장해 자신을 보호한다. 이렇게 자신보다 강한 동물과 비슷하게 변화시켜 스스로를 보호하는 방법을 '베이츠 의태'라고 한다.

서식지	일본

분 류	무척추동물>곤충류>나비목
먹 이	과일 등
특 징	장수말벌의 생김새와 비슷하다.
몸무게	?
몸길이	3~4.4cm

신기한 동물 상식

완벽한 위장을 위한 유리나방의 노력

유리나방을 언뜻 보면 정말 말벌로 착각할 정도로 비슷하게 생겼다. 하지만 자세히 보면 나방 종류의 특성상 말벌보다 머리가 작다는 것을 알 수 있다. 그래서 풀잎 등에 앉아 있을 때는 머리를 크게 보이기 위해 가슴 부위를 머리 부위처럼 보이려고 노력한다. 또한 공중을 날 때에도 말벌의 날개

말벌

소리를 내기 위해 붕붕 소리를 내며 완벽한 위장을 위해 노력한다. 유리나방은 이러한 노력을 통해 천적으로부터 자신을 보호한다.

곤충류

절대 잡아먹히지 않는 위장술

가시가지나방유충

학명:Apochima juglansiaria

지저분한 똥으로 완벽 변신!

새똥 모양의 몸
머리를 몸 안쪽으로 넣어 몸을
둥글게 만 모습이 새똥처럼 보인다.

자나방과에 속하는 나방의 유충이다. 마치 손가락으로
길이를 재듯 꽁무니를 머리 쪽에 갖다 대고 몸을
길게 늘이는 동작을 반복하기 때문에 자벌레라고
부르기도 한다. 짙은 갈색이나 검은색, 흰색이 섞인
몸 색을 이용해 새똥으로 위장하여 천적의 눈을 속인다.
위험을 감지하면 동작을 멈추고 완벽하게 위장한다.

방어력
스피드
지능
체력
공격력

분 류	무척추동물>곤충류>나비목
먹 이	호두나무 잎, 너도밤나무 잎 등
특 징	새똥으로 위장해 자신을 보호한다.
몸무게	?
몸길이	1.8~2.2cm

서식지	일본

죽은 척 연기하는 놀라운 쥐

버지니아주머니쥐

포유류

학명:Didelphis virginiana

천적을 속이는 시체 놀이!

커다란 몸
유대목의 주머니쥣과 동물 가운데 크기가 가장 크다.

방어력
스피드
지능
체력
공격력

캥거루처럼 육아낭(주머니)에 새끼를 넣어 가지고 다니는 유대목 동물이다. 나무 위에서 생활하기 때문에 발톱이 날카로우며, 나뭇가지를 감아야 하는 꼬리에는 털이 없다. 적이 공격하면 죽은 척을 하거나 시체 썩는 냄새 같은 고약한 분비물을 분출해 적을 정신없게 만든 다음 그 틈을 타서 도망친다.

서식지	북아메리카 남부

분 류	척추동물>포유류>유대목
먹 이	과일, 곤충, 작은 포유류, 죽은 동물 등
특 징	죽은 척을 하거나 고약한 분비물을 뿜는다.
몸무게	4~6kg
몸길이	약 76cm

95

파충류

벌레 구멍도 연출하는 술래잡기의 달인

사탄나뭇잎꼬리도마뱀붙이

학명:Uroplatus phantasticus

움직이는 나뭇잎의 정체는?

사탄나뭇잎꼬리도마뱀붙이는 위장 능력이 매우 뛰어난 동물로 유명하다. 주로 나무 위에서 생활하지만 먹잇감을 사냥할 때는 주로 땅바닥에서 마른 잎으로 위장해 있는다. 마른 잎의 벌레 먹은 구멍까지 흉내 낼 정도로 위장 능력이 뛰어난 개체도 있으며, 이런 개체는 가만히 있으면 발견하기 매우 어렵다.

방어력 / 지능 / 공격력 / 체력 / 스피드

분 류	척추동물>파충류>뱀목
먹 이	곤충 등
특 징	마른 나뭇잎으로 위장해 먹이를 사냥한다.
몸무게	?
몸길이	7~10cm

서식지 마다가스카르섬 중부

세계 제일의 소리 흉내쟁이

금조
조류

학명:Menura novaehollandiae

화려한 꼬리
수컷은 기다란
꼬리 깃털을 펼쳐
암컷을 유혹한다.

다양한 소리를 내는 흉내쟁이!

방어력
스피드
지능
체력
공격력

금조는 참새목 새 가운데 큰 편에 속하며 깃털이 화려하다. 수컷은 암컷의 관심을 끌기 위해 긴 꼬리 깃털을 부채처럼 펼쳐 보이는데, 이 모습이 고대 그리스의 악기인 리라(Lyre)와 비슷하여 '리라버드'라는 영어 이름이 붙여졌다. 다른 조류의 울음소리나 사람의 소리, 전기톱 등의 소리를 흉내 낼 수 있다.

서식지 **오스트레일리아 동부**

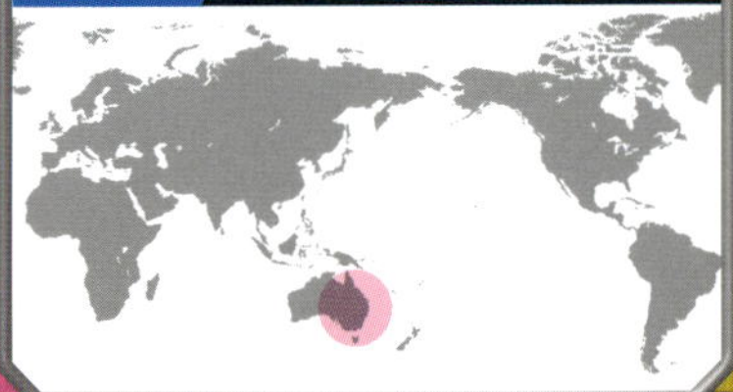

분 류	척추동물>조류>참새목
먹 이	지렁이 등
특 징	동물의 소리, 사람의 소리 등을 흉내 낸다.
몸무게	0.9~1.1kg
몸길이	80~100cm

97

곤충류

머리에 방패가 달린 개미

거북개미

학명:Cryptocerus varians

침입자를 막는 방패 개미!

방패 모양 머리
넙적하게 생긴 머리로 개미집 입구를 막고 외부 침입자가 들어오지 못하게 한다.

거북개미는 나무에 굴을 파고 살아간다. 쟁반 모양의 머리가 가장 큰 특징이며, 이 특징은 적이 굴 안으로 들어오지 못하게 막는 일부의 일개미들에게서 나타난다. 일개미들은 쟁반 모양의 머리를 방패처럼 이용해 굴 입구를 막는다. 납작한 생김새 덕분에 나무에서 떨어져도 활공을 하듯 천천히 떨어진다.

방어력

스피드   지능

체력   공격력

분 류	무척추동물>곤충류>벌목
먹 이	잡식
특 징	머리가 편평하고 몸집에 비해 크다.
몸무게	?
몸길이	약 0.4cm

서식지 | 북아메리카 남부~남아메리카

최강왕

4장

무적의

공격왕

코에 별 모양 돌기가 달린 희귀 두더지

별코두더지

포유류

학명:Condylura cristata

땅파기 선수!

퇴화한 시력
거의 보이지 않을 정도로
시력이 퇴화한 대신
후각과 청각이 발달했다.

예민한 촉수
컴컴한 땅속에서 코끝에 달린
예민한 촉수로 먹잇감을 찾는다.

어둠 속에서도 먹잇감을 찾다!

별코두더지의 이름은 22개의 돌기를 가진
별 모양의 코에서 유래했다. 이 코는 후각을
느끼지 못하지만, 코끝에 닿은 물체가
먹잇감인지 아닌지를 순간적으로 판단하는
촉각 기관의 역할을 한다. 별코두더지는
식욕이 왕성하고 먹이 활동이 활발하기 때문에
춥고 차가운 땅에서도 먹이를 쉽게 찾을 수
있도록 촉각 기관이 발달한 것으로 추정된다.
주로 축축한 땅에 살며 헤엄을 잘 친다.

서식지	아메리카 북부

분 류	척추동물>포유류>땃쥐목
먹 이	지렁이 등의 무척추동물
특 징	코에 달린 촉수로 먹잇감을 찾는다.
몸무게	40~85g
몸길이	10~13cm

신기한 동물 상식

반나절 만에 굶어 죽는 두더지들

별코두더지를 비롯한
두더지들은 매일 몸무게의 3분의
1만큼 먹이를 먹지 않으면 굶어
죽을 수 있다고 한다. 그래서
자신의 서식처인 굴 주변으로
파 놓은 약 300m의 굴을 돌며
지렁이나 곤충 등의 작은 동물들을
열심히 잡아먹는다. 두더지들이
굴을 자주 파는 이유는 기존에

두더지

파 놓은 굴에 먹잇감이 점점 줄어들어 새로운 사냥터를 개척하기 위해서이다.
이처럼 두더지는 왕성한 식욕을 채우기 위해 먹이 활동을 활발하게 한다.

101

놀라운 비행 능력을 자랑하는 작은 새

조류

벌새

학명:Trochilidae vigors

빠른 날갯짓으로 정지 비행!

벌새의 이름은 벌처럼 빠르게 날개를 움직여 공중에
떠 있는 습성에서 유래했다. 종류에 따라 크기가
다양하고, 꽃꿀을 빨아 먹기 좋은 긴 부리를 가졌다.
조류 가운데 유일하게 뒤쪽 방향으로 날 수 있으며,
낮에는 활동량이 많아 에너지 소비가 많지만 밤에
잘 때는 체온을 낮춰 에너지를 절약한다고 한다.

방어력
지능
공격력
체력
스피드

분 류	척추동물>조류>칼새목
먹 이	꽃꿀, 곤충
특 징	공중에 정지한 상태로 비행할 수 있다.
몸무게	2~200g
몸길이	8.5~22cm

서식지	남아메리카 북부

102

헤엄을 잘 치는 희귀 원숭이

긴코원숭이

포유류

학명:Nasalis larvatus

작지만 강한 물갈퀴!

기다란 코
코의 생김새 때문에 코주부원숭이,
큰코원숭이라고도 불린다.

방어력
지능
스피드
공격력
체력

긴코원숭이의 이름은 긴 코를 가진 수컷의 생김새에서
유래했다. 원숭이들은 헤엄을 못 치지만 긴코원숭이는
발가락 사이에 작은 물갈퀴가 있어 헤엄을 잘 친다.
먹이 싸움을 피하기 위해 다른 동물들이 먹지 않는
덜 익은 과일이나 나뭇잎을 먹고, 이를 소화할 수 있는
커다란 위를 가지고 있어 배가 불룩하다.

서식지	보르네오섬

분 류	척추동물>포유류>영장목
먹 이	과일, 씨앗, 어린 잎
특 징	코가 길며 물갈퀴가 있어 헤엄을 잘 친다.
몸무게	8.2~24kg
몸길이	54~76cm

103

기네스북에 오른 세계에서 가장 위험한 새

조류

큰화식조

학명:Casuarius casuarius

투구 모양 돌기
머리에는 투구(쇠로 만든 모자)처럼 생긴 돌기가 튀어나와 있다.

죽음의 발차기!

날카로운 발톱으로 치명상을 입히다!

뾰족한 발톱
10cm나 되는 길고 날카로운 발톱으로 공격한다.

큰화식조는 타조 다음으로 큰 새이며, 날개가 퇴화해 날지 못하는 주금류에 속한다. 시속 50km로 달릴 수 있는 튼튼한 다리와 날카로운 발톱을 가졌고 발차기 능력이 매우 뛰어나 '세상에서 가장 위험한 새'로 기네스북에 올랐다. 걷어 차이면 내장을 다치거나 죽을 수도 있다고 한다. 과일 등을 먹고 소화시키지 않은 채 배설하는데, 숲 곳곳을 돌아다니면서 배설해 식물의 번식에 도움을 준다.

서식지	뉴기니섬, 오스트레일리아 북동부

분 류	척추동물>조류>화식조목
먹 이	과일, 씨앗 등
특 징	튼튼한 다리와 발톱으로 공격한다.
몸무게	30~60kg
몸길이	152cm

신기한 동물 상식

가장 크고 가장 빠른 새, 타조

타조는 최고 100kg이 넘는 육중한 몸을 자랑하며 새들 중 가장 큰 새로 꼽힌다. 사막이나 초원 등 다양한 지역에 서식하며 식물과 곤충 등을 먹는 잡식성 동물이다.
날개가 퇴화하여 날지 못하지만 시속 90km까지 달릴 수 있는 뛰어난 스피드를 자랑한다. 달리기에 유리한 긴 다리와 튼튼한 발을 가졌으며, 타조가 발로 걷어차면 사자도 나가떨어질 정도로 다리가 튼튼하다. 적으로부터 공격을 받으면 긴 다리를 휘두르며 발차기 공격을 퍼붓는다고 한다.

타조

포유류

공포의 상어를 위협하는 최강 돌고래

큰돌고래

학명:Tursiops truncatus

POWER UP!

파워 공격!

등지느러미
몸체 중앙에 낫 모양으로
높게 솟아 있다.

공포를 부르는 무적 고래!

큰돌고래는 돌고래들 중에서 가장 큰 종에 속하며, 수족관이나 체험 학습 과정에서 볼 수 있는 사람에게 친근한 돌고래이다. 하지만 귀여운 외모와는 달리 꼬리지느러미를 이용해 먹이를 사냥하거나 포식자인 상어에게 달려들어 공격한다는 사실은 잘 알려지지 않았다. 온몸의 근육이 잘 발달하였으며, 초음파를 내보낸 후 되돌아오는 신호를 분석하여 먹잇감의 위치를 파악할 수 있다.

서식지	북극과 남극을 제외한 바다

분 류	척추동물>포유류>고래목
먹 이	물고기, 오징어 등
특 징	온몸의 근육이 발달했다.
몸무게	90~650kg
몸길이	270~390cm

신기한 동물 상식

귀여운 돌고래의 무서운 모습

식인 상어로부터 사람을 보호하거나 바다에서 조난당한 사람을 구해 주는 등 돌고래가 인명을 구조한 사례는 세계 각지에서 보고되고 있다. 이것만 보면 돌고래가 사람을 좋아하는 것 같지만, 반대로 사람을 공격하는 사례도 적지 않다. 돌고래는 사자나 호랑이처럼 다른 동물을 공격하는 습성이 있는 포식자이다. 실제로 돌고래 체험 도중 돌고래의 공격성이 나타나 관람객이 팔을 물리거나, 쇼크로 사망하는 등 다양한 사고가 일어나기도 했다.

돌고래와 함께 있는 어린이

큰사마귀새우는 주로 따뜻한 바다의 모래 바닥에 서식하는 갯가재이다. 집게발을 세우고 있는 모습이 사마귀를 닮아 이런 이름이 지어졌다. 조개를 잡아먹을 때는 집게발을 이용해 껍데기를 두드려 깨는 습성이 있다. 이때 집게발 펀치의 강도가 수조의 유리를 부술 수 있을 만큼 강하다고 한다. 시력이 좋아 반응이 빠르기 때문에 적의 공격에도 재빠른 대응이 가능하다.

서식지	인도양, 동남아시아~미크로네시아 연안

분 류	무척추동물>절지동물>갯가재목
먹 이	조개 등
특 징	튼튼한 집게발로 조개껍데기를 깬다.
몸무게	약 50g
몸길이	10~15cm

신기한 동물 상식

세계 제일의 시력을 가진 동물

큰사마귀새우는 시력이 매우 좋아서 10만여 가지의 색을 구별할 수 있다. 그렇기 때문에 진흙으로 탁해진 바닷속에서도 시야가 뚜렷하다고 한다. 이것은 큰사마귀새우가 지구상의 생물 중 유일하게 '원편광'이라는 특수한 빛을 감지할 수 있기 때문이다. 큰사마귀새우의 이런 점을 통신과

큰사마귀새우

영상 기술에 응용하면 큰 발전을 가져올 수 있어 전 세계의 과학자들과 기술자들이 큰사마귀새우에 주목하고 있다고 한다.

109

여우 얼굴, 늑대 몸, 사슴 다리의 포유류

갈기늑대

포유류

학명:Chrysocyon brachyurus

목 뒤의 털
짙은 색깔 털이 목 뒤에 나 있다.

질주 본능!

길쭉한 다리
짧은 몸통에 달린 긴 다리로 매우 빠르게 달릴 수 있다.

치타만큼 빠른
달리기 선수!

식육목 갯과에 속하는 늑대로, 목 뒤에 나 있는 갈기 때문에 갈기늑대라는 이름이 붙여졌다. 시속 90km로 달릴 수 있는 길고 튼튼한 다리가 가장 큰 특징이며, 조금 달리고 나면 멈춰 서서 뒤쪽의 안전을 확인하는 습성이 있다.
식성이 매우 좋아서 사람들이 농작물로 키우는 사탕수수나 바나나 밭을 망쳐 놓는다. 그래서 유해 동물(사람의 생명이나 재산에 피해를 주는 야생 동물)로 분류되었다.

방어력 / 지능 / 공격력 / 체력 / 스피드

서식지	남아메리카 중부

분 류	척추동물>포유류>식육목
먹 이	토끼, 쥐, 아르마딜로 등
특 징	길쭉한 다리로 매우 빠르게 달린다.
몸무게	20~25kg
몸길이	122.5~132cm

신기한 동물 상식

길고 아름다운 다리의 단점

'세계 제일의 아름다운 다리'로 불리는 갈기늑대의 긴 다리는 식물이 많고 습한 지대의 서식지에서 활동하기 쉽도록 진화한 것이다.
하지만 길고 아름다운 다리에도 단점이 있다. 다리가 너무 길어 왼쪽 앞다리와 오른쪽 뒷다리, 오른쪽 앞다리와 왼쪽 뒷다리가 짝이 되어 걷는 일반적인 보법인 '트롯(사대보)'으로 달리면 다리가 뒤엉켜

갈기늑대

버린다는 것이다. 그래서 갈기늑대는 같은 쪽 앞다리와 뒷다리를 동시에 움직이는 '페이스(측대보)' 보법으로 움직인다.

파충류

먹잇감을 조여서 죽이는 거대 뱀

아나콘다

학명:Eunectes murinus

세계에서 가장 무거운 뱀!

강력한 힘
무거운 몸통으로
조이면 커다란 동물도
꼼짝 못한다.

아나콘다는 그물무늬비단뱀에 이어 세계에서
두 번째로 거대한 뱀이다. 물가와 나무 위에서
생활하며 악어 등의 거대한 먹잇감을 휘감아 강력한
힘으로 조여 죽인 뒤 통째로 삼켜 버린다. 먹잇감을
소화시키는 데 10일 정도 걸리며, 그 뒤 한 달 동안은
아무것도 먹지 않아도 생명을 유지할 수 있다.

방어력 / 지능 / 공격력 / 체력 / 스피드

분 류	척추동물>파충류>뱀목
먹 이	큰 포유류, 악어
특 징	큰 먹잇감을 휘감은 후 조여서 죽인다.
몸무게	100kg 이상
몸길이	600~900cm

서식지 남아메리카 북부

최강의 악력을 자랑하는 맹금류

부채머리수리

조류

학명:Harpia harpyja

무시무시한 발톱 공격!

방어력
스피드
지능
체력
공격력

부채머리수리는 육식성의 사나운 조류인 맹금류에 속하며, 날 수 있는 새 중에서 가장 무거운 새로 알려져 있다. 머리에 부채 모양의 털(관모)이 있어 부채머리수리라는 이름이 붙여졌다. 맹금류 최강의 악력(손으로 쥐는 힘)과 날카로운 갈고리발톱을 이용해 나무늘보를 나뭇가지에서 떼어 내 잡아가기도 한다.

서식지 북아메리카 중부~남부

분 류	척추동물>조류>수리목
먹 이	포유류, 조류, 파충류
특 징	갈고리발톱이 달린 발로 잡는 힘이 강하다.
몸무게	약 4.8kg
몸길이	90~110cm

길쭉한 위턱을 창처럼 휘두르는 물고기

어류

청새치

학명:Makaira mazara

바다의 검투사!

돌출한 위턱
위턱은 새의 부리처럼
길게 튀어나와 있다.

방어력

스피드　　지능

체력　　공격력

청새치는 전 세계적으로 약 12종이 존재한다.
길쭉한 모양의 튼튼한 주둥이가 가장 큰 특징이며
몸의 등쪽은 청록색이고 배쪽은 회백색이다.
큰 몸으로 시속 100km에 가까운 빠른 속도로 헤엄칠
뿐만 아니라 힘도 매우 세기 때문에 청새치의 주둥이에
찔려 어부나 낚시꾼이 사망하는 사고도 발생한다.

등지느러미
돛처럼 생긴 길쭉한 등지느러미 뒤쪽에 작은 등지느러미 1개가 더 있다.

POWER UP!

엄청난 속도로 바다를 헤엄치다!

분 류	척추동물>어류>농어목
먹 이	다랑어, 전갱이, 고등어 등
특 징	주둥이로 찌르는 힘이 매우 강하다.
몸무게	약 700kg
몸길이	약 450cm

서식지 인도양, 태평양, 대서양

절지동물

세계에서 가장 큰 집게발을 가진 게

태즈메니안자이언트크랩

학명:Pseudocarcinus gigas

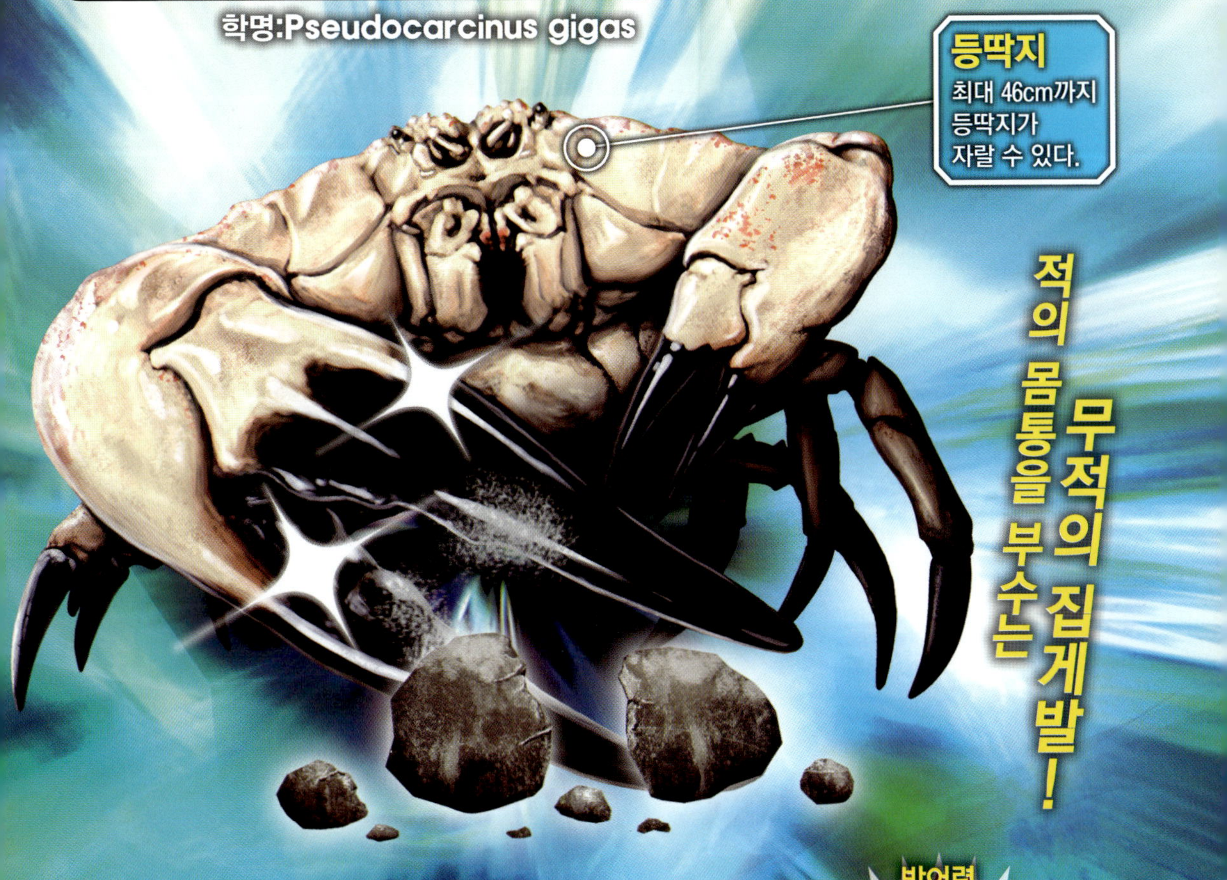

등딱지
최대 46cm까지 등딱지가 자랄 수 있다.

적의 몸통을 부수는 무적의 집게발!

태즈메니안자이언트크랩은 세계에서 가장 큰 집게발을 가진 게로 유명하다. 집게발로 물체를 집는 힘이 매우 강해 사람의 팔뼈 정도는 간단히 부숴 버릴 수 있다고 한다. 식용이 가능하고 맛이 좋아 함부로 포획하지 못하도록 어획량에 제한이 있다. 태즈메니아 킹크랩, 오스트레일리아킹크랩으로도 불린다.

분 류	무척추동물>절지동물>십각목
먹 이	조개, 불가사리 등
특 징	거대한 집게발로 사람의 뼈도 부서뜨린다.
몸무게	10kg 이상
몸길이	약 55cm

서식지 오스트레일리아 동남부

116

육식 곤충을 잡아먹는 무시무시한 딱정벌레

대왕길앞잡이

곤충류

학명:Manticora latipennis

먹잇감을 제압하는 강철 큰턱!

강력한 큰턱
귀뚜라미 같은 곤충을
큰턱으로 제압해
죽인다.

방어력
스피드
지능
체력
공격력

대왕길앞잡이는 육식 딱정벌레로, 세계 최대의
길앞잡이로 알려져 있다. 동작이 매우 민첩하고
갑옷처럼 단단한 외피(겉껍질)와 파괴력이 뛰어난
큰턱으로 대형 육식 곤충을 죽일 수 있다. 이런 강력함
때문에 중세 유럽에서 악마의 싱징으로 여기던 전설의
괴물 '만티코어(Manticore)'에서 학명이 유래했다.

서식지	아프리카 동부~ 남부

분 류	무척추동물>곤충류>딱정벌레목
먹 이	곤충 등
특 징	단단한 몸에 튼튼한 큰턱이 달려 있다.
몸무게	?
몸길이	5~7cm

어류

바다와 하늘 사이를 나는 물고기

날치

학명:Cypselurus agoo

새처럼 빠른 비행 실력!

가슴지느러미
빛나는 가슴지느러미 2개를 활짝 펼치고 비행한다.

꼬리지느러미
꼬리지느러미로 수면을 강하게 때려서 위로 떠오른다.

날치는 전 세계에 약 50종이 존재한다. 가슴지느러미를 수평으로 펼쳐 바다 위를 날듯이 활공하는 모습에서 날치라는 이름이 유래했다. 종류에 따라 다르지만 공중에 머무는 시간이 40초 정도 되며, 500m까지 날 수 있는 날치도 있다. 이런 능력을 가진 이유는 참치 등의 포식자로부터 도망치기 위해서라고 한다.

방어력
스피드
지능
체력
공격력

분 류	척추동물>어류>동갈치목
먹 이	동물성 플랑크톤
특 징	가슴지느러미를 펼치고 바다 위를 난다.
몸무게	350~400g
몸길이	25~40cm

서식지 **인도양, 태평양, 대서양**

상어보다 더 위험한 작살 물고기

동갈치

어류

학명:Strongylura anastomella

빛을 향해 공포의 턱! 돌진하는

위턱과 아래턱
길쭉하게 튀어나온 위턱과 아래턱에 날카로운 이빨이 나 있다.

방어력
지능
스피드
공격력
체력

동갈치는 위아래의 턱이 모두 길고 가늘며, 턱에는 날카로운 이빨이 나 있다. 시속 70km로 헤엄칠 수 있고, 빛을 향해 나아가는 습성이 있어 밤바다에서 라이트를 들고 있던 사람이 동갈치의 긴 턱에 찔리는 사고가 생기기도 한다. 자칫 생명이 위험할 수도 있기 때문에 상어와 같은 위험 물고기로 보는 지역도 있다.

서식지 | 인도양, 태평양, 대서양

분 류 척추동물>어류>동갈치목
먹 이 물고기, 갑각류
특 징 위턱과 아래턱에 날카로운 이빨이 나 있다.
몸무게 400~500g
몸길이 약 100cm

무시무시한 턱 힘을 자랑하는 물고기

파쿠

★★★★★

어류

학명:Colossoma macropomum

딱딱한 단번에 으깨다!
열매를

날카로운 이빨
딱딱한 나무 열매도
먹을 수 있을 정도로
날카롭고 단단하다.

파쿠는 사람의 치아와 닮은 이빨을 가진 물고기로
유명하다. 단단한 이빨은 강에 떨어진 나무 열매를
먹기 위해 발달했다고 한다. 곤충이나 단단한 열매를
강한 턱으로 부수어 먹는 잡식성이지만, 사람을
공격하진 않는다. 피라냐와 비슷하게 생겨 잡아먹히기
쉬운 어린 시기에는 피라냐 무리에 섞여 자란다.

방어력 / 지능 / 공격력 / 체력 / 스피드

분 류	척추동물>어류>카라신목
먹 이	곤충, 나무 열매 등
특 징	사람의 치아를 닮은 이빨을 가지고 있다.
몸무게	약 30kg
몸길이	약 100cm

서식지 오리노코강, 아마존강

120

위장을 10배나 부풀리는 심해 포식자

블랙스왈로어

어류

학명:Chiasmodon niger

큰 먹잇감을 통째로 삼키다!

늘어나는 위장
위장의 크기가 평소보다 10배 정도 늘어날 수 있다.

방어력
스피드
지능
체력
공격력

블랙스왈로어는 수심 600~1000m 깊이에 사는 심해 물고기이다. 입을 크게 벌릴 수 있고 먹이를 통째로 삼키는 습성이 있다. 때로는 자신보다 큰 물고기를 잡아먹어 배 속이 들여다보이거나 터지는 경우도 있다. 날카로운 이빨은 먹이를 씹는 용도보다는 통째로 삼킨 먹이가 못 도망가게 막는 용도로 쓰인다고 추정한다.

서식지 인도양, 태평양, 대서양

분 류	척추동물>어류>농어목
먹 이	심해 물고기 등
특 징	위장이 평소의 10배 정도까지 늘어난다.
몸무게	?
몸길이	15~25cm

121

파충류

물 위를 미끄러지듯 달리는 에메랄드 색 도마뱀

바실리스크이구아나

학명:Basiliscus plumifrons

긴 꼬리를 휘날리며 수면 위를 달리다!

기다란 꼬리
꼬리의 길이가
몸길이의 반 이상을
차지한다.

폭풍 질주!

재빠른 다리
1초에 다리를 20번이나
움직일 수 있을 만큼 빨라서
물 위를 달릴 수 있다.

바실리스크이구아나는 이구아나과에 속하는 도마뱀의 일종이다. 열대 우림에 서식하며 주로 물가에 있는 나무 위에서 생활하지만, 적으로부터 위협을 받으면 수면으로 내려오기도 한다. 이때 뒷다리로 수면을 재빠르게 두드리듯이 움직이면 부력(중력에 반하여 위로 뜨려는 힘)이 생겨 짧은 거리는 마치 물 위를 걷듯이 달려갈 수 있다. 다 자란 수컷은 머리와 등에 볏이 나 있다.

서식지	중앙아메리카 남동부

분 류	척추동물>파충류>뱀목
먹 이	곤충, 작은 도마뱀 등
특 징	수면 위를 미끄러지듯 빠르게 달린다.
몸무게	약 200g
몸길이	60~70cm

신기한 동물 상식

바실리스크이구아나는 어떻게 물 위에 뜰까?

바실리스크이구아나의 뒷다리 발가락은 앞다리 발가락에 비해 길고 털도 나 있다. 바실리스크이구아나가 물 위에 뜰 수 있는 비밀은 뒷다리 발가락에 나 있는 이 털에 숨어 있다. 털 덕분에 수면에 닿는 발의 면적이 커져 부력이 생기기 때문이다. 여기에 초속 1m의 빠른 속도가 더해져 물 위를 약 4m나 미끄러지듯 달릴 수 있는 것이다. 결국에는 중력을 이기지 못하고 물속으로 가라앉지만 바실리스크이구아나는 수영 실력도 좋아 생명이 위험할 일은 없다고 한다.

바실리스크이구아나

시속 300km로 나는 초특급 매

조류

송골매

학명:Falco peregrinus

★★★★

바람처럼 날다가 먹잇감을 잡아채다!

뛰어난 시력
사람의 시력보다 8배나 좋기 때문에 먹잇감을 멀리서도 잘 찾는다.

송골매의 가장 큰 특징은 시속 300km로 날 수 있는 뛰어난 비행 실력이다. 같은 맹금류인 독수리나 매보다 날개 끝이 날렵해 빠른 날갯짓과 직선 비행이 가능하다. 태양의 열기로 지면이 따뜻해져 발생하는 상승 기류(공기의 흐름)를 타고 날아오를 수 있기 때문에 날갯짓을 하지 않고도 날 수 있다.

방어력 / 지능 / 공격력 / 체력 / 스피드

분 류	척추동물>조류>수리목
먹 이	참새, 비둘기 등
특 징	시속 300km로 빠르게 날 수 있다.
몸무게	0.5~1.3kg
몸길이	38~51cm

서식지 남극을 제외한 모든 지역

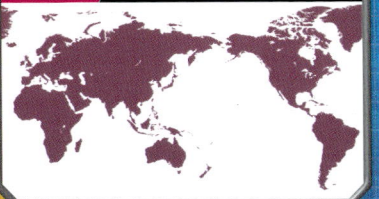

갑옷을 두른 희귀 생물

브라질세띠아르마딜로

포유류

학명:Tolypeutes tricinctus

독특한 방어술
위협을 느끼면 배를 땅에 붙이고
웅크리거나 몸을 공처럼 동그랗게 만다.

온몸을 감싸는 갑옷 방패!

방어력
스피드 / 지능
체력 / 공격력

브라질세띠아르마딜로는 '무장한(armado)'이라는
스페인어에서 이름이 유래한 것처럼, 딱딱한 등딱지가
머리부터 꼬리까지 덮여 있다. 적에게 습격을 받으면
몸을 웅크리고 둥글게 말아 자신을 보호한다.
공처럼 둥글게 만 브라질세띠아르마딜로의 등딱지는
권총의 총알을 튕겨 낼 정도로 단단하다고 한다.

서식지	남아메리카 중부

분 류	척추동물>포유류>피갑목
먹 이	개미 등의 곤충
특 징	위협을 느끼면 몸을 둥글게 말아 보호한다.
몸무게	1~1.6kg
몸길이	22~27cm

125

나무와 나무 사이를 날아다니는 원숭이

날여우원숭이

포유류

학명:Cynocephalus variegatus

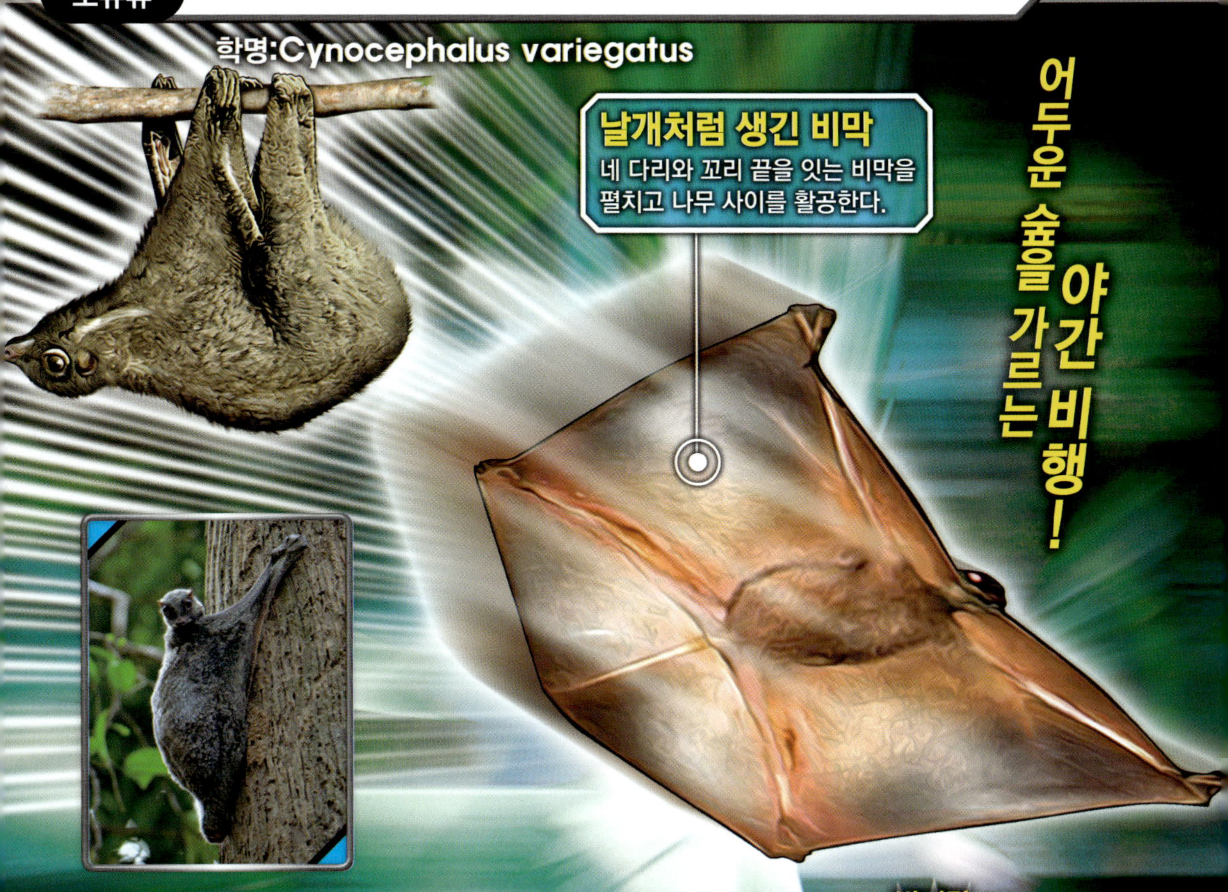

날개처럼 생긴 비막
네 다리와 꼬리 끝을 잇는 비막을
펼치고 나무 사이를 활공한다.

어두운 숲을 가르는 야간 비행!

날여우원숭이는 팔과 다리 사이에 있는 비막(막)을
날개처럼 펼쳐 나무와 나무 사이를 날아다닌다.
이런 특징은 날다람쥐에게서도 볼 수 있지만,
날여우원숭이는 날다람쥐와 달리 손가락 사이나 꼬리
끝까지 막이 발달되어 있다. 이 막을 이용해 100m 이상
나는 개체도 있다. 주로 밤에 활동하는 야행성이다.

방어력 · 지능 · 공격력 · 체력 · 스피드

분 류	척추동물>포유류>날원숭이목
먹 이	나뭇잎, 싹, 꽃
특 징	비막을 펼치고 나무 사이를 날아다닌다.
몸무게	1~1.8kg
몸길이	34~42cm

서식지 인도차이나반도~인도네시아

가시를 세워 적을 위협하는 동물

아프리카포큐파인

포유류

학명:Hystrix cristata

산미치광이
무시무시한 뱀도 공격하는
아프리카포큐파인을
우리나라에서는
산미치광이라고 부른다.

날카롭고 굵은 가시 공격!

방어력

스피드 **지능**

체력 **공격력**

아프리카포큐파인은 야행성 동물로, 낮에는 자신이
파 놓은 굴이나 다른 동물이 파 놓은 굴에서 휴식을
취한다. 등에는 털이 딱딱하게 변형되어 생긴 가시가
있는데, 적을 만나면 이 가시를 세워 위협한다.
가시 위협에도 적이 도망가지 않으면 가시를 바짝
세우고 등을 돌려 몸통 박치기로 공격한다.

서식지	아프리카 중부~남부

분 류	척추동물>포유류>쥐목
먹 이	알뿌리 식물, 과일 등
특 징	가시를 세워 무서운 뱀도 공격한다.
몸무게	10~30kg
몸길이	60~93cm

127

넓은 초원에 사는 발차기 선수

동부회색캥거루

포유류

학명:Macropus giganteus

강력 발차기!

덩치 큰 수컷
몸집이 암컷보다 훨씬 크며
번식기에는 수컷끼리 싸운다.

POWER UP!

발차기 숲을 날려 지옥으로 내몰다!

튼튼한 뒷다리
위험을 느끼면 뒷다리로
땅을 힘주어 친다.

동부회색캥거루는 야행성 동물이며, 작은 무리를 지어 생활한다. 뒷다리가 매우 발달하고 꼬리로 균형을 잡으며 이동한다. 번식기에는 수컷끼리 걷어차기를 하며 싸움을 하는데, 사람이 공격당하는 경우도 있다고 한다. 굵은 꼬리를 땅에 댔다가 용수철을 튕기듯 꼬리를 튕기며 가하는 발차기를 배에 제대로 맞을 경우, 내장이 파열(깨지거나 갈라져 터짐)되는 큰 부상을 입을 수 있다.

| 서식지 | 오스트레일리아 동부 |

분 류	척추동물>포유류>유대목
먹 이	풀 등
특 징	매우 세게 발차기를 하며 공격적이다.
몸무게	32~66kg
몸길이	96~230cm

신기한 동물 상식

야생 동물로 인한 피해

야생 동물의 대부분이 멸종 위기에 처해 보호받고 있지만, 오스트레일리아에서는 야생 캥거루의 수가 너무 많아 사회적으로 문제가 되고 있다.
캥거루가 자동차와 충돌 사고를 일으키는가 하면, 농작물을 망치는 일도 있기 때문이다. 특히 농작물 피해는 가뭄이 계속되는 오스트레일리아의 농업에 심각한 손실을 가져오기 때문에 수천 마리의 캥거루를 죽여 수를 조절하였다. 하지만 동물 보호를 주장하는 사람들로부터 비판을 받아야 했다.

야생 캥거루 경고 표지판

5km 멀리까지 울리도록 고함치는 원숭이

망토고함원숭이

포유류

학명:Alouatta palliata

고함을 질러 존재를 알리다!

옆구리의 털
양 옆구리에 난 길고 거친 갈색 털 때문에 이름에 망토라는 말이 붙었다.

망토고함원숭이의 이름은 수컷이 멀리까지 들리도록 소리 내 우는 데서 유래했다. 소리가 들리는 범위까지 그 원숭이 집단의 세력 범위라는 의미가 담겨 있다. 이렇게 큰 소리로 울 수 있는 것은 목에 있는 '설골'이란 뼈가 울림통 역할을 하기 때문이다. 보통 10~20마리 정도가 무리를 지어 생활하고, 주로 나뭇잎을 먹는다.

방어력 · 지능 · 공격력 · 체력 · 스피드

분 류	척추동물>포유류>영장목
먹 이	나뭇잎, 과일 등
특 징	수컷은 멀리까지 들리도록 고함을 지른다.
몸무게	5~7kg
몸길이	48~68cm

서식지 중앙아메리카~남아메리카 북서부

130

5장

최강왕

강력한 포식왕

동물 세계 최강의 턱 힘을 자랑하는 파충류

파충류

바다악어

학명:Crocodylus porosus

공포의 식인 악어!

물어 뜯기 킬러!

강한 턱 힘
다른 동물에 비해 턱 힘이
수십~수백 배 강하다.

바다악어는 악어 중에서 가장 크고 강한
악어로 꼽힌다. 수영 실력도 매우 뛰어나
육지에서 먼 바다까지 헤엄쳐 가는 경우도
있다. 성격이 매우 사납고 공격적이어서
악어를 잡아먹거나 사람을 덮치기도 한다.
날카로운 이빨과 강인한 턱을 지녔으며,
무는 힘이 지구에 현존하는 생물 중에서
가장 세다고 알려져 있다. 그 세기는 거북을
등딱지 채 먹을 수 있을 정도라고 한다.

서식지	인도 동해안~오스트레일리아 북부 연안

분 류	척추동물>파충류>악어목
먹 이	물고기, 거북, 큰 포유류 등
특 징	몸집이 크고 매우 공격적이다.
몸무게	약 450kg
몸길이	500~700cm

종류에 따라 다른 악어의 생김새

앨리게이터과   크로커다일과   가비알과

무시무시한 공포의 동물로 불리는 악어는 크게 앨리게이터과(아메리카악어과)와
크로커다일과(악어과) 두 가지로 나뉜다. 앨리게이터과의 악어는 머리가 넓적하고
주둥이가 짧고 동그란 편이다. 크로커다일과의 악어는 머리의 폭이 좁고
긴 주둥이가 끝으로 갈수록 뾰족하다. 또한 인도악어라고 불리는 가비알과의
악어는 머리의 폭이 좁으며 주둥이가 매우 길고 가느다랗게 생겼다.

133

작은 쥐도 꿀꺽 삼키는 거미

절지동물

농발거미

학명:Heteropoda venatoria

해충을 잡아먹는 고마운 해결사!

전체 몸길이
다리 길이까지 더하면 전체 몸길이가
10cm가 넘는 큰 거미이다.

농발거미는 농발거밋과의 절지동물이다.
생김새만 보면 사람에게 해를 끼치는 해충으로
생각되지만, 파리나 바퀴벌레 등의 해충을 잡아먹는
익충에 속한다. 거미줄로 집을 지어 먹잇감을 잡지
않고 여기저기 돌아다니며 먹잇감을 사냥한다.
작은 쥐를 잡아먹는 경우도 있다고 한다.

분 류	무척추동물>절지동물>거미목
먹 이	파리, 바퀴벌레, 작은 쥐 등
특 징	사냥할 때 거미줄을 사용하지 않는다.
몸무게	?
몸길이	1.5~3cm

서식지 일본 중부~남서 제도

수수께끼투성이의 괴물 곤충

대왕귀뚜라미

곤충류

학명:Sia ferox

곤충최강격투왕!
곤충세계

강력한 턱
사마귀 같은 육식 곤충을 턱으로 물어뜯어 잡아먹는다.

방어력
스피드
지능
체력
공격력

대왕귀뚜라미는 육식성 곤충이며, 현지에서는 '시아페록스'라고 부른다. 주로 밤에 활동하는 야행성이고 강력한 힘을 지닌 턱을 가지고 있다. 턱의 힘이 매우 세기 때문에 대형 육식 곤충과 싸워도 압도적으로 승리할 수 있다. 자세한 연구가 진행되지 않아 구체적인 생태 정보가 알려지지 않았다.

서식지	인도네시아

분 류	무척추동물>곤충류>메뚜기목
먹 이	곤충
특 징	턱 힘이 강해 대형 육식 곤충도 죽인다.
몸무게	?
몸길이	6.5~8cm

135

곤충류

소리 없이 접근하는 최고의 곤충 사냥꾼

파리매

학명:Promachus yesonicus

말벌도 잡아먹는 포식 곤충!

파리매는 꿀벌과 마찬가지로 우리 생활 주변에서 흔히 볼 수 있는 곤충이다. 사냥을 할 때는 주둥이로 먹잇감을 찔러 몸이 마비되는 성분을 주입한 후 체액을 빨아 먹는다. 움직임이 매우 빨라 비행하는 먹잇감의 등 뒤로 가 다리로 잡아챌 수 있다. 그래서 자신보다 큰 말벌이나 장수잠자리를 잡아먹기도 한다.

방어력
스피드
지능
체력
공격력

분 류	무척추동물>곤충류>파리목
먹 이	풍뎅이 등
특 징	날고 있는 먹잇감을 잡을 정도로 재빠르다.
몸무게	?
몸길이	2.3~3cm

서식지   일본 북부~남서 제도

타란툴라를 사냥하는 무시무시한 벌

타란툴라호크

곤충류

학명:Theraphosa blondi

공격받는 타란툴라
타란툴라는 타란툴라호크, 도마뱀, 뱀, 새 등의 천적에게 공격을 받는다.

물어뜯는 타란툴라호크
타란툴라호크는 주로 거미를 사냥하는 무시무시한 벌이다.

방어력
스피드
지능
체력
공격력

타란툴라호크는 세계 최대의 벌로 유명하다. 성충은 꽃꿀을 먹고 살지만 유충에게 먹이기 위해 타란툴라(대형 거미)를 사냥하는 것으로 알려져 있다. 타란툴라를 발견하면 매와 같이 빠르게 접근하여 사로잡는다. 몸집이 큰 타란툴라를 사냥할 때는 강력한 턱으로 다리를 물어뜯은 다음 운반한다.

서식지 북아메리카 남부~남아메리카 북부

분 류	무척추동물>곤충류>벌목
먹 이	타란툴라, 꽃꿀
특 징	자신보다 몸집이 큰 타란툴라를 사냥한다.
몸무게	?
몸길이	약 6cm

피를 빨아 먹는 공포의 물고기

어류

흡혈메기

학명:**Vandellia cirrhosa**

아마존강의 뱀파이어!

공격하는 흡혈메기
몸집이 큰 물고기의 아가미에 달라붙어 피와 살을 먹는다.

흡혈메기는 아마존강에 서식하는 물고기다. 납작한 머리로 자기보다 큰 물고기의 아가미로 들어가 피와 살을 먹는 것으로 유명하다. 이렇게 다른 생물에 붙어서 영양분을 얻으며 사는 기생 생물이다. 크기가 작고 사나운 흡혈메기는 사람의 오줌 냄새를 맡고 요도(오줌 배출 관)나 항문으로 침입한다고 한다.

방어력 · 지능 · 공격력 · 체력 · 스피드

분 류	척추동물>어류>메기목
먹 이	물고기 등
특 징	먹잇감의 아가미로 들어가 피와 살을 먹는다.
몸무게	?
몸길이	2.5~20cm

서식지 브라질의 아마존강

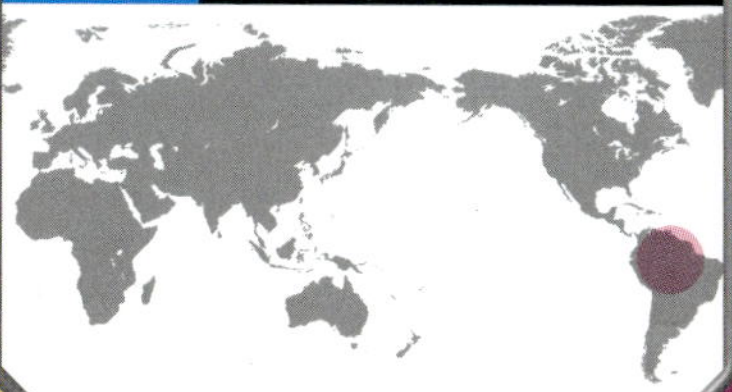

138

최강왕

6장

뛰어난 전술 왕

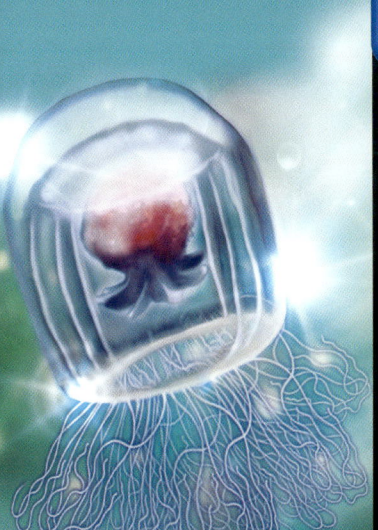

바퀴벌레를 먹고 자라는 곤충

보석말벌

곤충류

학명:Ampulex compressa

맹독 발사!

보석 빛깔의 몸
에메랄드 보석 같은
아름다운 빛깔을 띤다.

유충이 기생할 바퀴벌레를 찾다!

꼬리 독침
꼬리 끝에 있는 독침을
바퀴벌레의 몸에 찔러
마비시킨다.

140

보석말벌은 바퀴벌레를 이용해 번식하는 벌이다. 바퀴벌레의 뇌에 독을 주입해 신경을 마비시킨 다음 바퀴벌레가 움직이지 못하게 되면 둥지로 데려간다. 그리고 바퀴벌레의 몸에 알을 낳으면 알에서 깨어난 유충은 번데기(고치 속에 들어가 있는 상태)가 될 때까지 살아 있는 바퀴벌레의 내장을 먹으며 성장한다. 번데기는 성충이 되는 시기가 되면 바퀴벌레의 몸을 뚫고 나와 성충이 된다.

방어력
지능
공격력
체력
스피드

서식지	아프리카, 남아시아, 태평양 제도

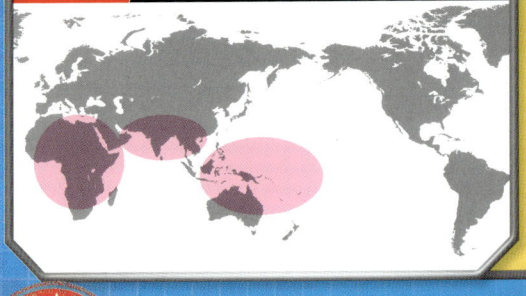

분 류 무척추동물>곤충류>벌목

먹 이 꽃꿀

특 징 유충은 바퀴벌레에 기생하여 자란다.

몸무게 ?

몸길이 약 2cm

신기한 동물 상식

아름다운 빛깔의 곤충들

보석말벌은 바퀴벌레를 숙주(영양을 공급하는 생물)로 자란다는 점에서 다소 혐오감을 주지만, 이름에서 알 수 있듯이 아름다운 빛깔을 띠고 있다. 그래서 보석이라는 말이 이름에

비단벌레   비단벌레 공예품

붙여졌다. 보석말벌처럼 반짝거리는 금속성 광택의 녹색을 띠는 곤충이 또 있다. 바로 비단벌레이다. 금빛을 띠는 녹색의 비단벌레는 매우 화려한 빛깔로 유명한 곤충이며, 오래전부터 장신구 등의 공예품 재료로 이용되어 왔다.

연체동물

단단한 철 비늘을 가진 심해 고둥

비늘발고둥

학명:Chrysomallon squamiferum

튼튼한 껍데기로 철벽 방어!

철 비늘이 달린 발
발에 철로 된 단단한
비늘이 달려 있다.

비늘발고둥은 깊은 바다에 서식하는 고둥이다. 딱딱한
껍데기가 몸을 감싸고 있으며, 발 표면에는 황화 철
(황과 철의 화합물)로 된 비늘이 있다. 황화 철 성분의
비늘을 가진 생물은 지구상에서 이 고둥뿐이다. 적에게
공격을 받으면 다리를 수축시켜 방어한다. 비슷한
종으로 황화 철 비늘이 없는 '백색비늘발고둥'도 있다.

방어력 / 스피드 / 지능 / 체력 / 공격력

분 류	무척추동물>연체동물
먹 이	박테리아(세균)
특 징	황화 철로 된 단단한 비늘이 발에 달려 있다.
몸무게	?
몸길이	2~5cm(껍데기의 높이)

서식지 인도양

142

작은 새와 서로 도우며 사는 족제비

라텔
포유류

학명:Mellivora capensis

벌침에도 끄떡없는 〈꿀벌 사냥꾼〉!

라텔은 족제빗과의 잡식성 동물로, 곤충에서 뱀까지 무엇이든 먹을 수 있다. 그중 벌꿀과 벌의 유충을 가장 좋아한다. 공생 관계에 있는 벌꿀길잡이새가 벌집을 발견하면 라텔을 인도하고, 라텔은 갈고리발톱으로 벌집을 부수고 벌꿀과 유충을 먹는다. 라텔이 먹고 남은 꿀과 벌집은 벌꿀길잡이새의 먹이가 된다.

방어력
스피드
지능
체력
공격력

서식지	아프리카 중앙부~남부, 인도 등

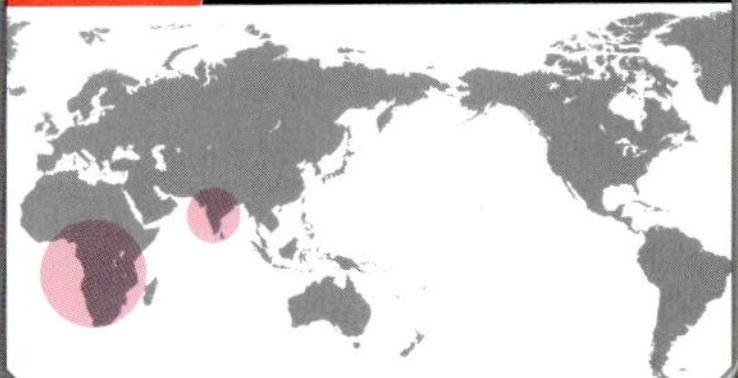

분 류	척추동물>포유류>식육목
먹 이	꿀벌, 작은 포유류 등
특 징	벌꿀을 얻기 위해 벌꿀길잡이새와 공생한다.
몸무게	7~13kg
몸길이	60~80cm

다시 젊어지는 미스터리한 해파리

무척추동물

작은보호탑해파리

학명:Turritopsis spp.

POWER UP!

무적의 불사신!

붉은 소화 기관
투명한 몸 밖으로 붉은 소화 기관이 비춰 보여서 홍해파리라고 부른다.

다시 살아날 수 있다!

몸의 일부만 남아도

작은 해파리
몸길이가 0.5cm~1.2cm로 매우 작은 해파리이다.

작은보호탑해파리는 붉은 소화 기관이 비춰
보이는 투명한 모습 때문에 홍해파리라고도
부른다. 유생(어린 개체)의 단계를 거쳐
'폴립'으로 성장한 후 성체(다 자란 개체)가
된다는 점은 다른 해파리와 동일하다.
하지만 1996년에 성체에서 폴립으로 퇴화하는
'항노화'라는 특수 능력이 밝혀지면서
다른 생물에게 잡아먹히지 않는 한 죽지 않는
특이한 생물로 알려지게 되었다.

서식지	인도양, 태평양, 대서양

분 류	무척추동물>자포동물>꽃해파리목
먹 이	동물성 플랑크톤 등
특 징	잡아먹히지 않는 한 죽지 않고 산다.
몸무게	?
몸길이	0.5~1.2cm

신기한 동물 상식
시체에서 생명이 발생하는 놀라운 사실

홍해파리의 성체는
성숙해지면 고기 완자 모양으로
퇴화한 다음 다시 폴립 상태로
돌아가 어려진다. 그런데 2011년,
또 하나의 놀라운 사실이
보고되었다. 물해파리의 경우
성체가 죽으면 그 시체가 분해되는
과정에서 폴립이 발생하는데,
그 폴립이 다시 성체로 성장한다는

물해파리

것이다. 물해파리도 홍해파리처럼 성숙한 성체에서 폴립으로 다시 어려지는 것이
확인된 것이다.

성별이 바뀌는 미스터리한 물고기

흰동가리

어류

학명:Amphiprion ocellaris

놀라운 변신!

수컷에서
암컷으로
변신하다!

흰색 줄무늬
몸을 가로지르는
흰색의 세로줄 때문에
흰동가리라고 부른다.

흰동가리는 독을 가진 말미잘과 공생하는
물고기로 알려져 있다. 흰동가리의 몸에서
분비되는 점액이 말미잘의 촉수에 쏘이지
않도록 보호제 역할을 한다고 한다.
흰동가리는 성별의 구분 없이 태어나며,
무리에서 가장 큰 개체가 암컷으로 변한다.
그 다음으로 큰 개체가 수컷이 되어 짝을 짓고
알을 낳는다. 암컷이 죽으면 짝이었던 수컷이
암컷으로 성별을 바꾼다.

서식지	일본 류큐 제도, 동인도양~서태평양

분 류	척추동물>어류>농어목
먹 이	동물성 플랑크톤
특 징	수컷이 암컷으로 성별을 바꿀 수 있다.
몸무게	?
몸길이	약 9cm

신기한 동물 상식

수중 세계 물고기들의 신기한 성전환

혹돔은 무리 중에 짝짓기를
할 만한 수컷이 없으면 가장 큰
암컷이 수컷으로 변한다. 수컷으로
변한 암컷은 마음에 드는 암컷과
짝을 이루고, 무리의 우두머리가
된다고 한다. 그리고 넙치의
치어(어린 물고기)는 수온에 따라
암컷과 수컷이 결정된다.
물고기들 중에는 호르몬의

혹돔 수컷

작용으로 성별이 바뀌는 종도 있다. 흰동가리도 그중 하나로, 수컷이 자신의 짝인
암컷의 죽음을 확인하게 되는 순간 여성 호르몬이 분비되면서 암컷으로 변한다.

숙주를 좀비로 만드는 잔인한 파리

곤충류

기생파리

★★★★

학명:Pseudacteon obtusus

개미 머리를 뚫고 세상으로 나오다!

초소형 파리
기생파리는 몸길이가 약 0.1cm밖에 안 될 정도로 매우 작다.

기생파리는 자신보다 몇 배나 큰 열대 불개미에 기생한다. 불개미의 몸 안에 알을 낳으면, 부화한 기생파리는 불개미의 머리를 파먹은 다음 머리를 잘라 내고 몸속을 파먹으며 성장한다. 기생파리에게 몸을 내 준 불개미는 좀비와 같이 몸이 마음대로 움직여지지 않는 것처럼 행동한다고 한다.

방어력 / 지능 / 공격력 / 체력 / 스피드

분류	무척추동물>곤충류>파리목
먹이	열대 불개미
특징	자신보다 큰 불개미의 몸 안에 알을 낳는다.
몸무게	?
몸길이	약 0.1cm

서식지 코스타리카, 브라질

148

자신을 희생해 유충을 키우는 독거미

애어리염낭거미

절지동물

학명:Cheiracanthium japonicum

소중한 유충들의 먹이가 되다!

희생하는 어미 거미
어미 거미는 유충들이
잘 자라도록 자신의 몸을
희생하여 먹이가 된다.

방어력

스피드

지능

체력

공격력

애어리염낭거미는 독거미의 일종이며, 억새의 잎을
둥글게 만들어 그 안에 둥지를 튼다. 모성이 강하다고
알려진 애어리염낭거미의 암컷은 한여름에 100개
정도의 알을 낳고 부화한 유충이 첫 번째 탈피를
마칠 때까지 온 힘을 다해 적으로부터 보호한다.
그 후에는 새끼들에게 자신의 몸을 먹이로 준다.

서식지	일본

분 류	무척추동물>절지동물>거미목
먹 이	곤충 등
특 징	유충은 첫 탈피 후 어미의 체액을 먹는다.
몸무게	?
몸길이	1~1.5cm

무척추동물

어떤 환경에서도 살아남는 생물

물곰

학명:Thermozodium esakii

★★★★★

동물 세계의 진정한 최강 생물!

오동통한 모습의 미생물인 물곰은 불사신 같은 능력을
지닌 생물로 알려져 있다. 서식 환경이 나빠지면
다리를 모아 몸을 통 모양으로 만들고 휴면 상태(생활
기능이 느려지거나 정지한 상태)에 들어간다. 이때는
급격한 온도 변화에도 견딜 수 있고, 방사선 등의
유해 물질에 노출되거나 진공 상태에서도 죽지 않는다.

방어력 / 지능 / 공격력 / 체력 / 스피드

분 류	무척추동물>완보동물
먹 이	조류, 윤충, 선충 등
특 징	원통형의 몸에 머리와 4쌍의 다리가 있다.
몸무게	?
몸길이	0.17cm 이하

서식지　전 세계

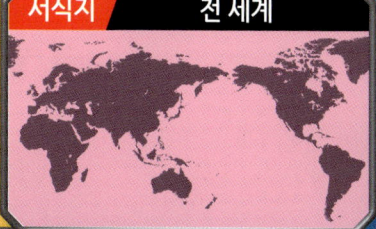

웃는 표정을 짓는 귀여운 동물

우파루파

양서류

학명:Axolotl

아기 얼굴을 한 희귀 생명체!

돌출한 아가미
머리 양쪽으로 아가미가
튀어나와 있다.

방어력

스피드

지능

체력

공격력

우파루파는 도롱뇽의 일종이며, 정식 명칭은
'아홀로틀'이지만 우파루파로 더 잘 알려져 있다.
목 부위의 분홍색 아가미와 지느러미는 어린 개체의
특징이지만, 탈바꿈(변태)을 통해 성체가 되는 일이
매우 드물기 때문에 이 모습 그대로 일생을 살아가는
경우가 많다. 신체를 재생하는 능력이 있다고 한다.

서식지 　멕시코

분 류	척추동물>양서류>도롱뇽목
먹 이	새우, 게, 작은 물고기 등
특 징	분홍색, 흰색, 검은색 등 몸 색깔이 다양하다.
몸무게	?
몸길이	20~30cm

151

파충류

꼬리가 다시 자라나는 도마뱀붙이

도마뱀붙이

학명:Gekkonidae

잘린 꼬리가 되살아나다!

발바닥의 털
뻣뻣한 털이 접착제 역할을 해서 미끄러운 벽에서도 잘 걸어 다닐 수 있다.

도마뱀붙이는 도마뱀붙잇과에 속하는 동물로, 주로 밤에 활동하는 야행성이다. 도마뱀붙잇과 무리는 전 세계의 온대 지역과 열대 지역에 서식한다. 그리고 도마뱀과 같이 적에게 꼬리를 잡히면 꼬리를 떼어 내고 도망치는 습성이 있다. 떨어져 나간 꼬리가 재생되기까지는 1년 정도의 시간이 걸린다고 한다.

방어력 / 지능 / 공격력 / 체력 / 스피드

분 류	척추동물〉파충류〉뱀목
먹 이	곤충 등
특 징	꼬리가 잘려 나가도 다시 자라난다.
몸무게	?
몸길이	10~14cm

서식지 온대~열대

152

몇 번이나 재생을 반복하는 동물

플라나리아

무척추동물

학명:Tricladida

머리에 있는 안점
빛의 강약 정도만 느끼는
시각 기관으로
1마리에 1쌍이 있다.

잘라도 계속 생겨나는 몸! 잘라도 잘라도

플라나리아는 놀라운 재생 능력을 가진 동물로
유명하다. 몸이 머리 부분과 꼬리 부분 두 개로
절단되면 머리에서는 꼬리가, 꼬리에서는 머리가 다시
생긴다. 몸이 100개 이상으로 쪼개져도 모두 머리와
꼬리가 다시 생기며, 머리 쪽에 칼집을 내면 각각에
머리가 생겨 머리가 두 개인 개체를 만들 수 있다.

방어력
스피드
지능
체력
공격력

서식지 전 세계 바다와 하천 등

분 류	무척추동물>편형동물
먹 이	작은 동물이나 죽은 동물
특 징	몸은 편평하고 머리는 삼각형으로 생겼다.
몸무게	?
몸길이	1~2cm

바닷물에서 산소를 얻는 동물

불가사리

무척추동물

학명:Asteroidea

피 대신 바닷물이
몸속에 흐르다!

불가사리는 성게나 해삼과 같은 극피동물이다. 혈관이
퇴화하여 심장이 없기 때문에 혈관 대신 수관(먹이나
배설물이 드나드는 관)으로 바닷물을 몸속으로 끌어들여
바닷물에서 산소를 얻는다. 심장뿐 아니라 눈과 귀
그리고 코도 없지만, 석회질로 된 피부에 신경이 있어
빛과 생물의 존재를 감지할 수 있다.

방어력

스피드   지능

체력   공격력

분 류	무척추동물>극피동물
먹 이	조개, 죽은 물고기
특 징	몸의 일부가 잘려도 다시 재생된다.
몸무게	5kg 이하
몸길이	12~24cm

서식지 　전 세계 바다

일본 야에야마 제도에만 사는 곤충

쿠로카타바구미

곤충류

학명:Pachyrhynchus infernalis

단단한 외골격
곤충 가운데 외골격이 가장 단단하다고 알려져 있다.

곤충계 최강 검은 갑옷!

쿠로카타바구미는 일본에만 서식하는 바구미다. 외골격이 복잡한 7층 구조로 이루어져 있어 매우 단단하다. 곤충의 천적인 새가 잡아먹기를 포기하거나 곤충 표본을 만들기 위해 침을 꽂으려고 해도 뚫리지 않을 정도로 몸이 단단하다고 한다. 다른 바구미보다 움직임이 매우 빠르다.

방어력 / 스피드 / 지능 / 체력 / 공격력

서식지 일본(야에야마 제도)

분 류	무척추동물>곤충류>딱정벌레목
먹 이	조도만두나무, 팽나무 잎 등
특 징	7층 구조로 된 외골격이 매우 단단하다.
몸무게	?
몸길이	1~1.5cm

곤충류

개미가 정성껏 키우는 나비

담흑부전나비

학명:Niphanda fusca

검은빛의 날개와 몸
날개와 몸이 엷은 검은빛(담흑)을 띠고 있어서 담흑부전나비라고 불린다.

개미를 속여 보살핌을 받다!

담흑부전나비는 개미와 공생하는 나비로 알려져 있다. 개미의 냄새를 몸에 묻혀 개미가 자신을 같은 개미로 착각하게 만든다고 한다. 개미는 담흑부전나비의 유충이 성장해 성충이 될 때까지 먹이를 날라다 주며 보살핀다. 그리고 담흑부전나비 유충의 몸에서 나오는 체액을 얻어먹는다고 한다.

방어력 / 지능 / 공격력 / 체력 / 스피드

분 류	무척추동물>곤충류>나비목
먹 이	나뭇진
특 징	유충 때 개미의 보살핌을 받으며 자란다.
몸무게	?
몸길이	1.9~2.3cm

서식지　일본

독특한 방법으로 물을 먹는 도마뱀붙이

나미브물갈퀴도마뱀붙이

파충류

학명:Palmatogecko rangei

눈에 붙은 물방울로
수분 보충!

방어력
스피드
지능
체력
공격력

나미브물갈퀴도마뱀붙이는 발가락과 발가락 사이에 물갈퀴 형태의 피부가 있다. 나미브 사막에 사는 나미브물갈퀴도마뱀붙이는 물이 귀한 지역에서 생존하기 위해 밤에 사냥하면서 공기 중의 수증기가 응결하여 생긴 안개나 이슬로 수분을 섭취한다. 또한 눈알에 붙은 물방울을 핥아 수분을 보충하기도 한다.

서식지	아프리카 남서부 사막 지역

분 류	척추동물>파충류>뱀목
먹 이	귀뚜라미 등
특 징	눈에 붙은 물방울로 수분을 보충한다.
몸무게	?
몸길이	약 13cm

157

최강 위험 생물

동물 세계에서 살아남기 위해 생물들은 자신만의 능력이나 기술을 키워 나갔다. 방어력, 지능, 공격력, 체력, 스피드 5가지 영역으로 나누어 소개하는 레이더차트를 기준으로 각 장별 최강 위험 생물을 뽑아 보았다.

최강왕

향유고래

초강력 무기왕!

향유고래는 초음파라는 강력한 무기로 적을 마비시키는 바다의 무법자이다. 여기에 1800cm나 되는 거대한 몸과 날카로운 이빨까지 더해져 전기를 쏘는 전기뱀장어와 긴 엄니를 휘두르는 일각돌고래보다 훨씬 강력하다.

공포의 맹독왕!

황금독화살개구리는 세계 최강의 독을 가진 개구리이다. 등의 피부에서 독이 나오는데, 한 마리의 독으로 10000마리의 쥐를 죽일 수 있고, 단 1g의 독으로 5000명의 사람을 죽일 정도로 무시무시하다.

최강왕

황금독화살개구리

최강왕

거미꼬리뿔살무사

신기한 변신왕!

거미꼬리뿔살무사는 놀라운 속임수로 사냥하는 독뱀이다. 거미처럼 생긴 꼬리 끝을 흔들어서 꼬리를 거미로 착각하고 다가오는 작은 새 등의 동물을 공격해 잡아먹는다.

158

DANGER

ㅇ
아나콘다 ---------112
아프리카포큐파인 ---------127
아프리카숲청개구리 ---------56
아프리카페어 ---------30
애어리염낭거미 ---------149
여섯뿔가시거미 ---------40
오리너구리 ---------62
우파루파 ---------151
유리나방 ---------92
유리날개나비 ---------87
인랜드타이판 ---------70
일각돌고래 ---------18

ㅈ
작은보호탑해파리 ---------144
장수말벌 ---------80
전기뱀장어 ---------12
줄무늬스컹크 ---------42
쥐덫고기 ---------22

ㅊ
청새치 ---------114
청자고둥 ---------78
총알개미 ---------76
침노린재 ---------86

ㅋ
카멜레온 ---------41
캥거루쥐 ---------54
코모도왕도마뱀 ---------60
쿠로카타바구미 ---------155
큰돌고래 ---------106
큰사마귀새우 ---------108

ㅌ
큰화식조 ---------104
클리오네 ---------48

ㅌ
타란툴라호크 ---------137
태즈메니안자이언트 크랩 -----116

ㅍ
파라다이스나무뱀 ---------32
파리매 ---------136
파쿠 ---------120
폭탄먼지벌레 ---------20
푸른민달팽이 ---------38
푸른점문어 ---------58
플라나리아 ---------153
플란넬나방유충 ---------65

ㅎ
해삼 ---------50
향유고래 ---------26
호주상자해파리 ---------66
황금독화살개구리 ---------64
흡혈메기 ---------138
흡혈오징어 ---------46
흰동가리 ---------146

색인

ㄱ

가시가지나방유충 ---------94
갈고리나방유충 ---------25
갈기늑대 ---------110
거미꼬리뿔살무사 ---------88
거북개미 ---------98
관모피토휘 ---------71
금조 ---------97
기생파리 ---------148
긴코원숭이 ---------103
꿀단지개미 ---------33
꿀벌 ---------44

ㄴ

나미브물갈퀴도마뱀붙이 ---------157
난초사마귀 ---------90
날여우원숭이 ---------126
날치 ---------118
남방차주머니나방 ---------14
남아프리카땅다람쥐 ---------21
노랑가오리 ---------68
농발거미 ---------134
늘보원숭이 ---------75

ㄷ

담흑부전나비 ---------156
대왕귀뚜라미 ---------135
대왕길앞잡이 ---------117
데스스토커 ---------74
도마뱀붙이 ---------152
동갈치 ---------119
동부회색캥거루 ---------128
딱총새우 ---------52

ㄹ

라텔 ---------143
마우이독버튼폴립 ---------79
말레이시아개미 ---------34
망토고함원숭이 ---------130

ㅁ

먹장어 ---------28
물곰 ---------150
물장군 ---------55
물총고기 ---------16

ㅂ

바다악어 ---------132
바실리스크이구아나 ---------122
발톱벌레 ---------24
버지니아주머니쥐 ---------95
벌새 ---------102
변신문어 ---------82
별코두더지 ---------100
보석말벌 ---------140
부채머리수리 ---------113
불가사리 ---------154
브라질세띠아르마딜로 ---------125
블랙스왈로어 ---------121
비늘발고둥 ---------142
빨간씬벵이 ---------84

ㅅ

사막뿔도마뱀 ---------36
사탄나뭇잎꼬리도마뱀붙이 ---------96
송골매 ---------124
스피팅코브라 ---------72

무적의 공격왕!

큰돌고래

매우 공격적이라고 알려진 큰화식조를 누르고 큰돌고래가 무적의 공격왕으로 뽑혔다. 그 이유는 큰돌고래가 무시무시한 상어를 공격하기도 하기 때문이다. 큰돌고래의 공격력은 온몸에 발달한 근육과 꼬리지느러미에서 나온다.

강력한 포식왕!

바다악어

바다악어는 현존하는 생물 중에서 최강의 턱 힘을 자랑한다. 물고기부터 대형 포유류까지 닥치는 대로 잡아먹으며 거북을 등껍질 채 먹을 수 있다. 매우 공격적이어서 인간을 덮치기도 한다.

뛰어난 전술왕!

기생파리

생물들의 능력이 비슷비슷하여 우열을 가리기 어려운 분야였다. 전술왕의 이름에 맞게 지능을 우선 순위로 두고, 공격력-방어력 순으로 따졌을 때 전술왕의 자리는 개미의 머리에 기생해 사는 기생파리가 차지했다.

지금까지 100종의 위험 생물들이 가지고 있는 다양한 능력과 기술을 살펴보았다. 자연에서 살아남기 위해 각자의 생존 방식을 터득해 온 위험 생물들! 이 생물들이 미래의 환경에서는 어떤 방식으로 살아남을지 예상해 보자. 그리고 아직 발견되지 않은 새로운 위험 생물들의 출현도 기대해 보자.